대바늘뜨기가 즐거워지는

원더 니트

Wonder Knitting

Contents

Wonder Knitting Pattern

원더 니트 패턴

신기하고 멋있는 무늬뜨기를 소개합니다. 독특한 무늬처럼 보이지만,
모두 대바늘뜨기의 기본 방식을 조합하여 만들 수 있습니다.
도안만으로는 이해하기 힘든 테크닉은 *Point Lesson*을 참조해보세요.

※Swatch(견본)는 실제 작품과 다른 색상의 실을 사용한 부분도 있습니다.
※*Point Lesson*은 뜨기 방식을 알기 쉽게 만든 것으로, 실제 작품과 전체 콧수, 단수, 무늬 수가 다릅니다.
실제로 뜨개질을 할 때는 도안에 따라 만들어보세요.

Bubble Stitch

버블 스티치

6단마다 코를 끌어 올려 뜨개 바탕을 올록볼록하게 만들어주는 무늬뜨기입니다.
끌어 올리는 코의 간격과 단의 높이를 맞추어 동그란 방울처럼 만들어주는 것이 포인트입니다.

완성 작품 ▶ p.6, 7

Swatch

Pattern

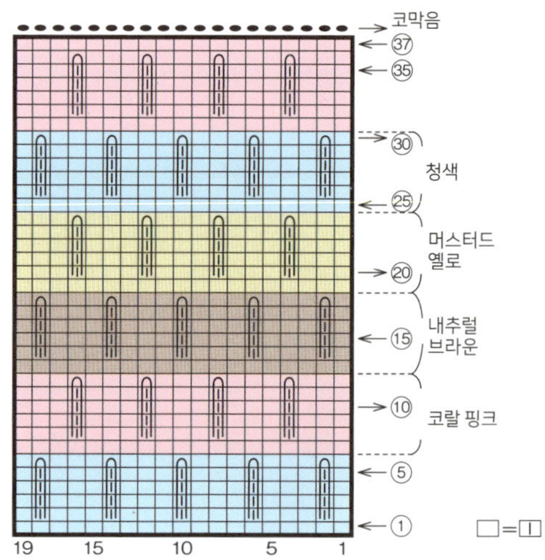

Point Lesson

지정된 색상의 실로 6단을 뜬다. 실의 색상을 바꿔 겉뜨기를 1코 떠준 후, 2번째 코의 2단째에(★) 바늘을 넣어준다.

위의 4단을 풀어준다. 오른쪽 바늘에 걸린 코를 일단 왼쪽으로 옮긴다.

겉뜨기를 1코 뜬다.

4코마다 **1~3**을 반복하여(1의 맨 처음 겉뜨기 1코는 포함하지 않는다) 마지막까지 뜬다. 이후부터는 각 색상의 2단째 지정 위치에 바늘을 넣어 똑같이 떠준다.

Herringbone Stitch

헤링본 스티치

2코 모아뜨기를 뜬 후, 1코만 빼주고 남은 코와 새로운 코로 2코 모아뜨기를 반복합니다.
2단이 하나의 무늬를 완성하여 연속적인 V자 형태가 만들어집니다. 뜨개 바탕이 두툼해지는 것이 특징입니다.
겉뜨기를 할 때 바늘을 넣는 방식과 안뜨기를 할 때 실을 거는 방식이 일반적인 방법과는 다르지만,
이렇게 하면 뜨기가 편해 뜨개질을 빨리 완성할 수 있습니다.

완성 작품 ▶ p.8, 9

Swatch

Pattern

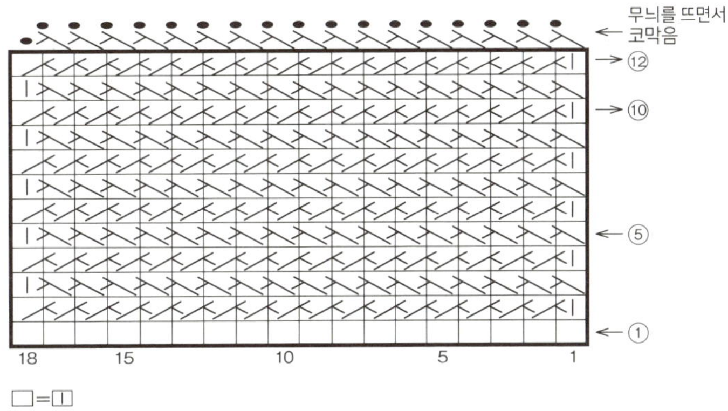

Point Lesson

1

2단은 2코 모아 안뜨기하듯이 바늘을 넣어 실을 빼낸다.

2

실을 뺀 부분.

3

왼쪽 바늘의 1번째 코(★)만 바늘에서 빼낸다.

4

왼쪽 바늘에 남은 1코와 다음 코로 **1~3**을 반복한다.

5

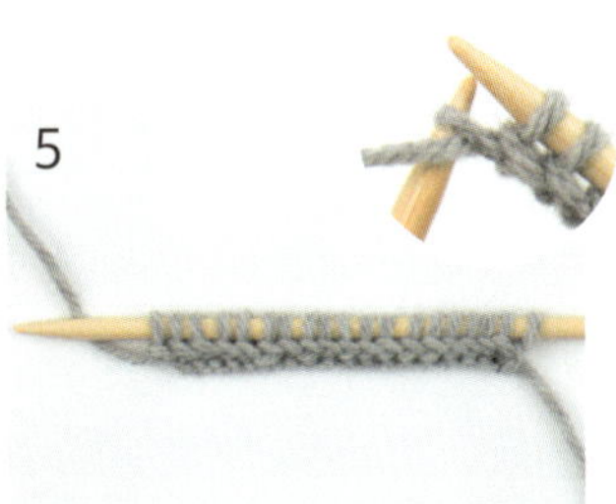

마지막에 남은 1코는 일반적인 안뜨기로 뜬다.

6

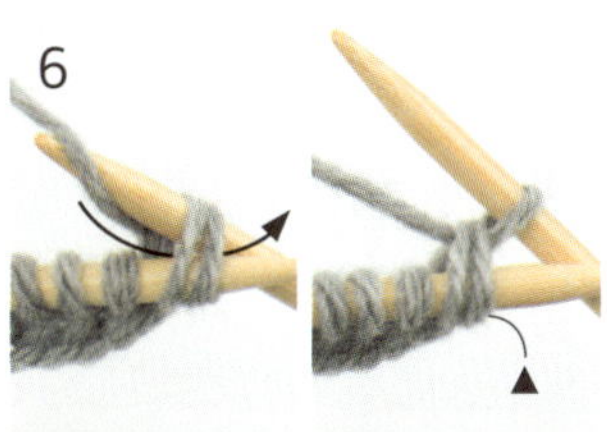

3단은 2코 모아뜨기(겉뜨기)하되, 돌려뜨기처럼 바늘을 넣어 실을 빼낸다.

7

왼쪽의 1번째 코(▲)만 바늘에서 빼낸다.

8

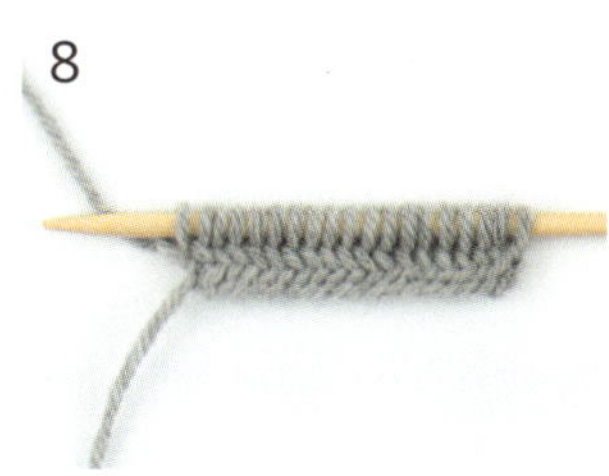

이후부터는 왼쪽에 남은 1코와 다음 코로 **6~7**을 반복한다. 마지막 1코는 돌려뜨기를 겉뜨기로 뜬다.

A

네 가지 색상의 줄무늬

물주머니 커버

동그란 버블 무늬가 눈에 띄도록 6단마다 배색을 바꾸어 떠주었습니다.
물병을 넣기 쉽게 입구 부분은 고무뜨기로 마무리합니다.

Design 칸노 나오미 / Yarn 하마나카 아메리

How to make ▶ p.50

B

올록볼록 버블 + 폼폼

티 코지

모자를 떠올리게 하는 티 코지는
블루 컬러를 넣어 북유럽풍으로 완성했습니다.
입체적인 무늬는 보온에도 탁월합니다.
폼폼 장식은 큰 사이즈로 만들면 좋습니다.

Design 칸노 나오미 / Yarn 하마나카 아메리
How to make ▶ p.52

C

V자의 연속 무늬가 돋보이는

털모자

두 가지 무늬를 조합한 돔형 비니입니다.
모자가 접히는 부분을
헤링본 스티치로 강조했습니다.

Design 이마무라 요코
Yarn 하마나카 아란 트위드
How to make ▶ p.54

D

두툼한 뜨개 바탕을 살린

클러치 백

촘촘한 무늬의 헤링본 스티치는 형태 잡힌 가방에 잘 어울립니다. 네모난 뜨개 바탕을 세 번 접어 꿰매기만 하면 작품 완성. 안감도 필요 없답니다.

Design 이마무라 요코
Yarn 하마나카 맨즈 클럽 마스터
How to make ▶ p.55

Cockleshell Stitch

조가비 스티치

걸기코로 만드는 드라이브뜨기 스타일의 코를, 15코를 한 번에 떠 조가비 무늬를 만듭니다.
뜨개 바탕이 자연스럽게 물결 모양이 되므로, 배색을 바꾸어 라인을 강조해도 좋습니다.

완성 작품 ▶ p.12, 13

Swatch

Pattern

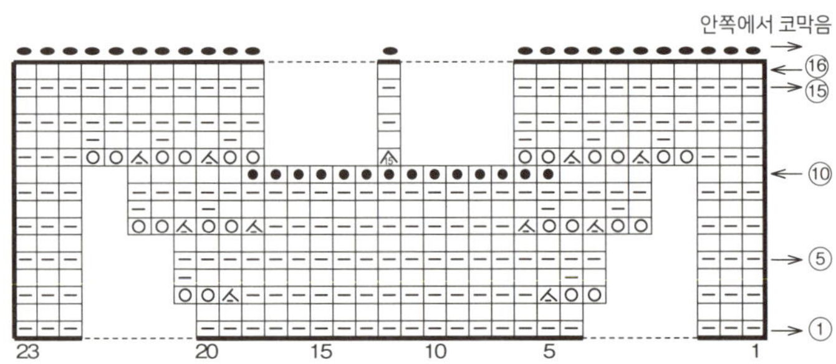

□ = ⊥

(15코 모아뜨기 기호) =앞 단의 걸기코를 빼내서 늘린 14코와 그다음 1코를 합쳐 15코를 한 번에 뜬다

● = ○○| = 겉뜨기, 걸기코, 걸기코로 뜬다
다음 단에서 걸기코를 바늘에서 빼내고 긴 1코를 만든다

(ㅅ 기호) =안을 보며 뜰 때는 ㅅ

Point Lesson

※이해하기 쉽도록 15코를 한 번에 뜨는 위치(●14회+안뜨기 1코)에 단수 표시핀을 달아 설명하였습니다.

1

10단의 7코까지 도안대로 뜬 후, 겉뜨기 1코, 걸기코 2코(●)를 뜬다.

2

14번 반복한 후, 나머지 코는 겉뜨기 한다.

3

11단에서 15코를 한 번에 뜨는 위치까지 오면, 첫 1코를 뜨지 않고 오른쪽 바늘로 걸러 떠준다.

4

다음 걸기코 2코를 왼쪽 바늘에서 빼낸다.

5

3~4를 총 14번 반복한 후, 마지막에 단수 표시핀 앞의 코를 걸러 떠 코 높이를 맞춘다.

6

단수 표시핀 사이에 있는 15코를 왼쪽 바늘에 넣고, 오른쪽 바늘을 화살표 방향으로 넣어 15코를 한 번에 떠준다.

7

15코를 한 번에 떠준 모습. 단수 표시핀 사이는 1코가 된다.

8

계속해서 도안대로 떠준다.

Linen Stitch

리넨 스티치

뜨개 바탕의 앞쪽에 실을 두고 걸러 뜨는 걸쳐뜨기를 반복하여 직물과 같은 뜨개 바탕을 만들어줍니다.
실에 맞는 바늘보다 2호수 위의 바늘로 떠준 후 뜨개 바탕을 정돈해주면 더욱 예쁘게 완성됩니다.

완성 작품 ▶ p.14, 15

Swatch

Pattern

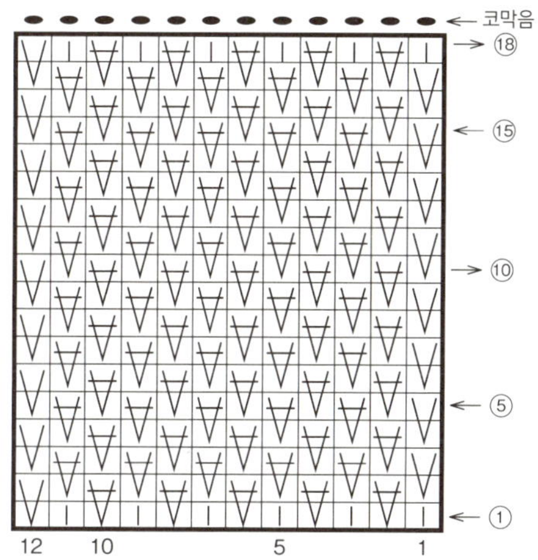

=걸쳐뜨기

=걸러뜨기

※가장자리 코를 뜰 때는 짝수 단은 실을 뒤쪽에 두고, 홀수 단은 실을 앞쪽에 두고 걸러뜨기한다

Point Lesson

시작코를 만든 후, 2단은 실을 뒤쪽에 두고 1번째 코를 걸러뜨기한다.

2번째 코를 안뜨기로 뜬다.

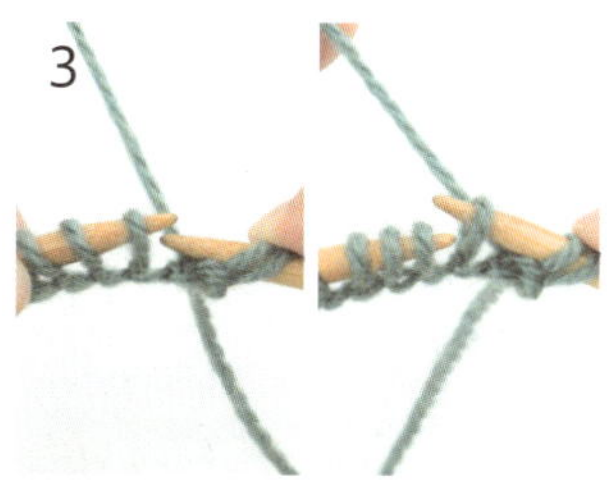

3번째 코는 실을 뒤쪽에 두고 걸러뜨기한다.

2~3을 반복하며 마지막까지 뜬다.

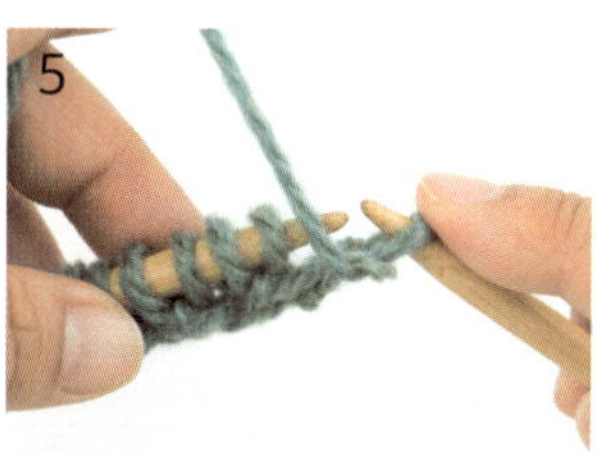

3단은 실을 앞쪽에 두고 1번째 코를 걸러뜨기한다.

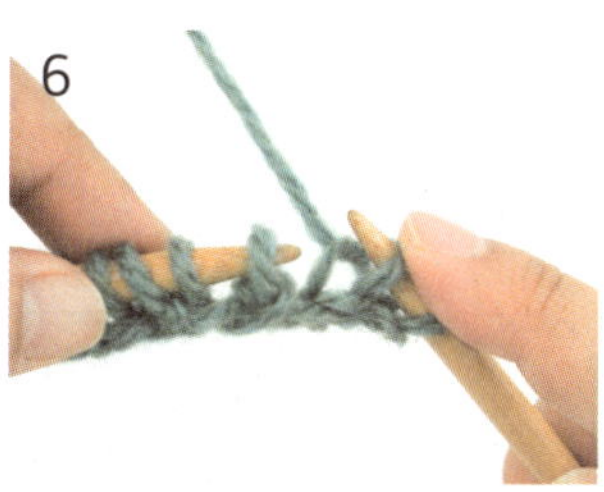

2번째 코는 겉뜨기로 뜬다.

3번째 코는 실을 앞쪽에 두고 걸러뜨기한다.

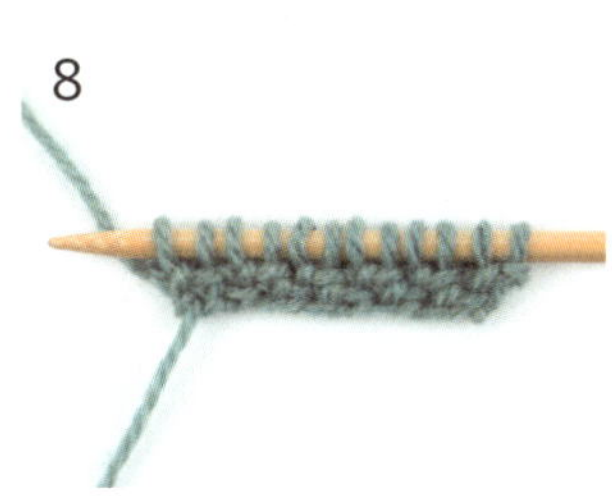

6~7을 반복하여 마지막까지 뜬다. 이 두 단을 지정된 단만큼 반복해준다.

네 가지 색을 번갈아 가며 떠준 작품입니다.
걸기코의 비침무늬와 잘 어울리는 조합입니다.

E

단마다 배색을 바꾸어준

쇼트 넥워머

조가비 무늬를 반복하여 넓게 떠주면 부드러운
물결 모양의 뜨개 바탕이 만들어집니다.
여러 색을 사용하여 더욱 즐겁게 줄무늬를 떠봅시다.

Design 니시무라 토모코
Yarn 퍼피 셰틀랜드
How to make ▶ p.56

짙은 녹색으로
클래식한 넥 케이프를 완성했습니다.

F

가장자리의 커브를 살린

넥 케이프

물결치는 뜨개 바탕을 그대로 살려준 넥 케이프입니다.
한 무늬를 계속 반복하여 뜨기만 하면 됩니다.
옷에 맞추어 여러 색을 만들어두면 편리하답니다.

Design 니시무라 토모코
Yarn 퍼피 브리티시 에로이카
How to make ▶ p.58

G

루프 얀으로 만든 트위드풍
원 핸들 백

2단마다 실을 바꾸어 루프 얀의
폭신폭신한 느낌을 살린 뜨개 바탕입니다.
양옆은 영국 고무뜨기로 볼륨감을 살려줍니다.
어깨에도 멜 수 있어 사용하기 편리한 가방입니다.

Design 세바타 야스코
Yarn 하마나카 오브코스! 빅, 하마나카 소노모노 루프
How to make ▶ p.60

안쪽 면에는 멍석뜨기처럼 올록볼록한 무늬가 만들어집니다.

H

양면으로 무늬를 즐길 수 있는

롱 넥워머

리넨 스티치는 양면으로 쓸 수 있는
다재다능한 뜨개 바탕을 만들어줍니다.
극태사는 앞, 뒷면의 무늬 차이를 돋보이게 해 넥워머를
착용했을 때 보이는 안쪽 면에도 포인트를 줍니다.

Design 세바타 야스코 / Yarn 하마나카 두!
How to make ▶ p.59

Elongated Woven Cable Stitch

드라이브뜨기로 만드는 교차 무늬

드라이브뜨기를 교차시켜 교차 무늬를 간단히 만드는 방법입니다.
교차시키는 코를 U자형 보조 바늘로 고정시키면 코가 흐트러지지 않아 뜨기 쉽습니다.

완성 작품 ▶ p.18, 19

Swatch

Pattern

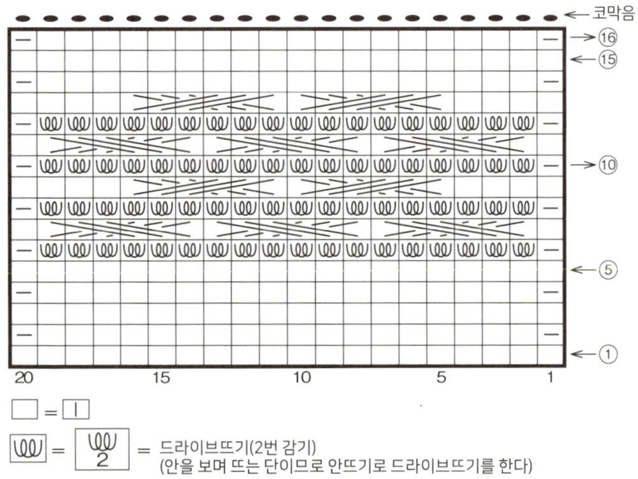

Point Lesson

1 도안대로 5단까지 떠준다. 6단의 1번째 코는 겉뜨기해주고, 2번째 코는 안뜨기하듯이 오른쪽 바늘을 넣어 실을 2번 감아준다.

2 그대로 빼내 오른쪽 바늘로 옮겨준다. 2번 감아 안뜨기로 드라이브뜨기 완성.

3 계속해서 2번 감아 드라이브뜨기를 안뜨기로 떠준 후, 마지막 1코를 겉뜨기로 떠준다.

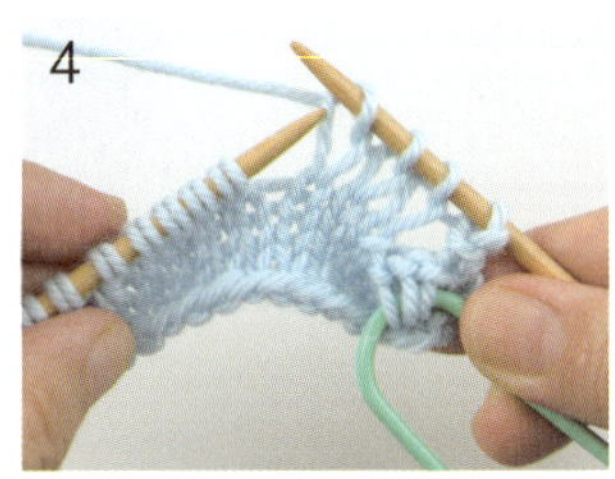

4 7단은 겉뜨기로 1코를 떠주고, 앞단의 드라이브뜨기 3코를 풀어 보조 바늘에 옮겨 앞쪽에 둔다. 다음 3코도 풀어서 겉뜨기를 떠준다.

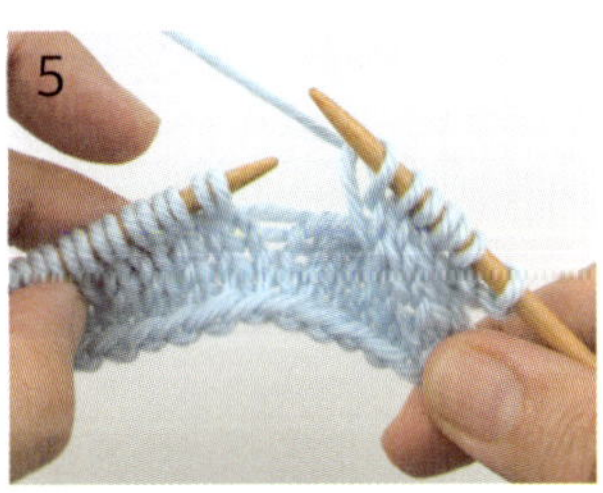

5 4에서 앞쪽에 둔 3코를 겉뜨기로 떠준다. 교차 무늬 1개 완성.

6 **4~5**를 반복한다(4의 겉뜨기 1코는 포함하지 않는다). 2번 더 교차 무늬를 만들어준 뒤, 마지막에 겉뜨기를 1코 뜬다.

7 8단은 **1~3**과 같은 방식으로 뜬다. 9단은 겉뜨기 1코와 드라이브뜨기 3코를 풀어 겉뜨기로 떠주고, 다음 드라이브뜨기 3코를 풀어 보조 바늘에 옮겨 뒤쪽에 둔다.

8 다음 드라이브뜨기 3코를 풀어 겉뜨기를 뜬 후, **7**에서 뒤쪽에 둔 3코를 겉뜨기해준다. **4~5**와 방향이 다른 교차 무늬 완성. 앞서 만든 무늬와는 다른 방향이 되도록 계속해서 떠나간다.

Smocking Stitch

스모킹 스티치

오른쪽으로 빼낸 매듭뜨기를 서로 교차시켜 스모킹 자수와 같은 뜨개 바탕을 만듭니다.
매듭 사이는 돌려뜨기를 해주어 무늬의 입체감을 살려줍니다.

완성 작품 ▶ p.20, 21

Swatch

Pattern

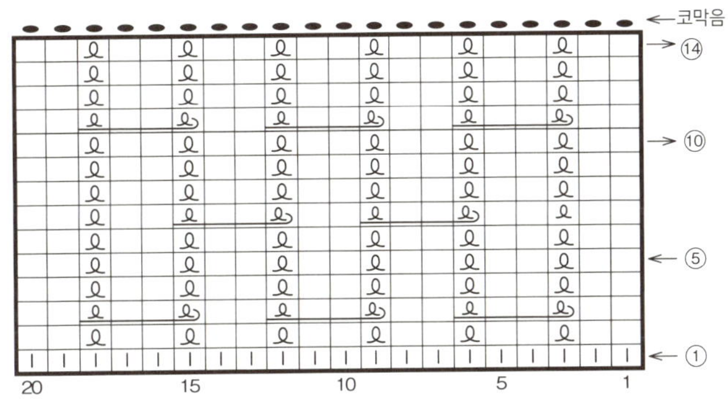

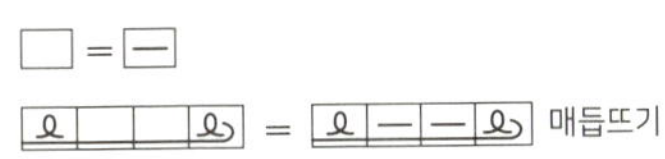

※안을 보며 뜨는 단(짝수 단)은 돌려 안뜨기를 해준다

Point Lesson

1

도안대로 2단까지 떠준다. 3단은 안뜨기로 2코를 떠주고, 4번째 코 사이에 오른쪽 바늘을 넣는다.

2

바늘에 실을 걸어 빼낸다.

3

실을 빼낸 모습.

4

빼낸 코를 왼손으로 잡고 오른쪽 바늘을 빼낸 후, 화살표와 같이 왼쪽 바늘을 넣어준다.

5

바늘에 실을 걸어 빼내고, 빼낸 코와 함께 왼쪽 바늘의 1코를 돌려 떠준다.

6

다음 3코는, 안뜨기 2코, 돌려뜨기 1코를 뜬다. 오른쪽으로 빼낸 매듭뜨기(4코의 경우) 완성.

7

똑같은 방법으로 오른쪽으로 빼낸 매듭뜨기(4코의 경우)를 2번 더 떠준 후, 마지막은 안뜨기로 2코를 뜬다.

8

나머지도 도안에 따라 오른쪽으로 빼낸 매듭뜨기(4코의 경우)를 떠준다.

1

교차 무늬로 볼륨감을 살린

롱 머플러

가벼운 모헤어 실로
교차 무늬를 떠주었습니다.
양 끝의 가터뜨기가 빡빡해지지
않도록 주의하면 부드럽고 예쁜
교차 무늬가 만들어집니다.

Design 카제코보
Yarn 퍼피 유리카 모헤어
How to make ▶ p.64

J

감연사로 무늬를 돋보이게 한

헤어밴드

심플한 헤어밴드에 도톰한 교차 무늬로 매력을 더해 주었습니다.
밴드 뒷부분은 고무뜨기를 해주어 머리에 부드럽게 고정되게 합니다.
단시간에 완성할 수 있는 점도 매력이랍니다.

Design 카제코보 / Yarn DARUMA 보풀감 있는 실
How to make ▶ p.63

K

극태사로 무늬를 강조한 핸드백

극태사로 스모킹 스티치를 떠주면 깊은 음영이 더해져
무늬가 더욱 돋보입니다. 가방의 형태도 잘 잡아주어 좋습니다.
오른쪽으로 빼낸 매듭뜨기는 빼내는 코를 확실히 잡아당겨 깔끔하게 마무리합니다.

Design 사이치카 / Yarn DARUMA # 0.5 울
How to make ▶ p.66

L

섬세한 무늬가 포인트인

스커트

허리 부분에 스모킹 스티치를
넣어준 A라인 스커트입니다.
무늬뜨기로 주름 잡힌 부분이 허리를
더욱 날씬해 보이게 만들어줍니다.
허리는 끈으로 조절해줍니다.

Design 사이치카 / Making 타자와 이쿠코
Yarn DARUMA 메리노 스타일 병태
How to make ▶ p.68

Leaf Stitch

리프 스티치

끌어 올려뜨기를 응용해 3번 감아 뜨는 리프 무늬입니다.
좌우의 끌어 올려뜨기를 같은 코에 떠넣으면 V자형 새싹 모양이 만들어집니다.

완성 작품 ▶ p.24, 25

Swatch

Pattern

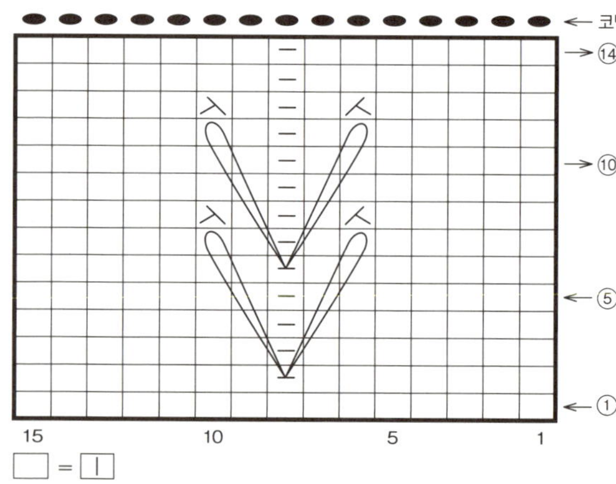

Point Lesson

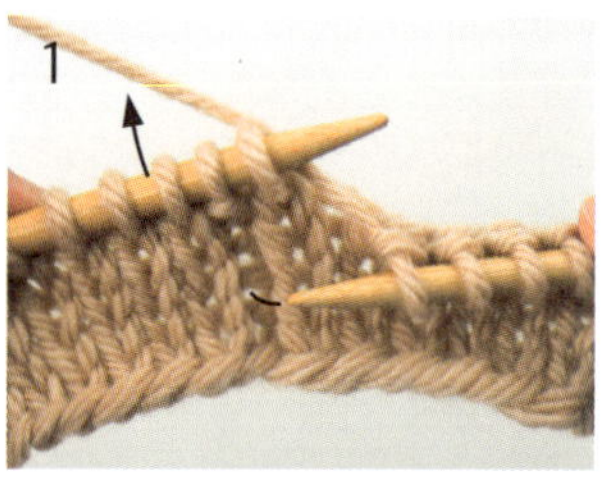

도안대로 6단까지 뜬다. 7단은 겉뜨기를 6코 떠주고, 2단은 8번째 코 안뜨기에 오른쪽 바늘을 넣는다.

바늘에 실을 3번 감는다.

바늘을 빼낸다(3번 감아 끌어 올려뜨기).

계속해서 겉뜨기 1코, 안뜨기 1코, 겉뜨기 1코를 뜨고, **1~3**과 동일하게 3번 감아 끌어 올려 뜬다.

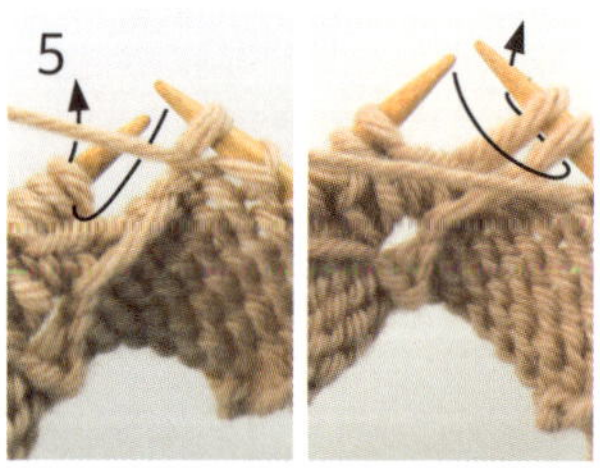

8단의 안뜨기 5코까지 떠준다. 6번째 코는 실을 앞쪽에 둔 채로 바늘을 앞쪽에 넣고 코를 오른쪽 바늘로 옮긴다. 7번째 코에서 끌어 올린 코를 풀어 오른쪽 바늘에 옮긴다. 화살표와 같이 바늘을 넣어 2코를 왼쪽 바늘로 옮긴다.

옮긴 2코를 한 번에 안뜨기해준다.

안뜨기 1코, 겉뜨기 1코, 안뜨기 1코를 뜨고, 다음에 끌어 올린 코를 풀어, 그 다음 안뜨기와 함께 안뜨기를 떠준다.

8단을 끝까지 떠준 후 겉에서 본 모습. 끌어 올려 뜬 코가 V자 리프 무늬가 된다.

완성 작품의 2코 모아뜨기
완성 작품은 원형뜨기이므로, **5~7**의 2코 모아뜨기는 겉뜨기로 뜬다. 끌어 올린 코가 위로 가도록 주의한다.

Elongated Cross Stitch

크로스 스티치

드라이브뜨기의 실을 덮어씌워 만드는 입체감 있는 X자형 무늬입니다.
P.16의 드라이브뜨기 무늬의 교차 무늬와는 또 다른 매력이 있습니다.

완성 작품 ▶ p.26, 27

Swatch

Pattern

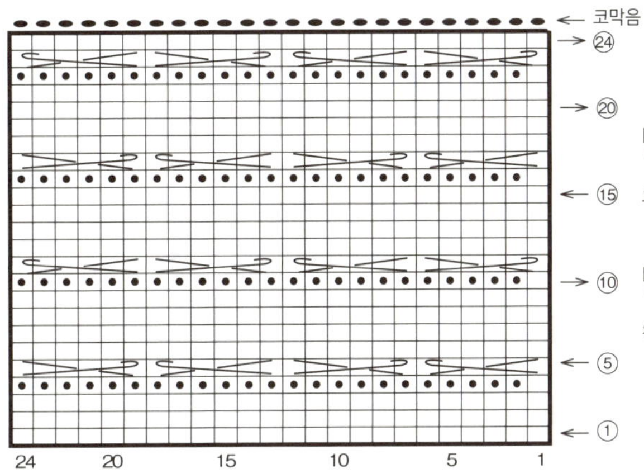

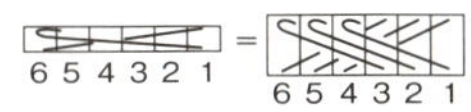

오른쪽 3코에 왼쪽 3코를 꿴 교차뜨기

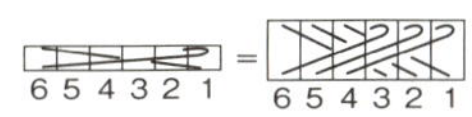

왼쪽 3코에 오른쪽 3코를 꿴 교차뜨기

□=▯

● = ▯◯◯ = 안을 보며 뜨는 단에서 안뜨기, 걸기코, 걸기코를 뜬다
다음 단에서 걸기코를 바늘에서 빼내 이전에 떠 놓은 코를 늘려 긴 1코를 만든다

Point Lesson

도안대로 3단까지 뜬다. 4단은 안뜨기를 1코 뜨고, 오른쪽 바늘에 실을 2번 감는다.

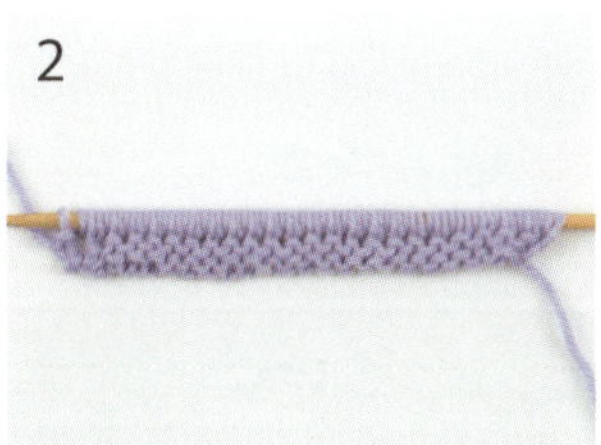

1을 반복하고, 마지막은 안뜨기를 1코 떠준다.

5단은 1번째 코를 뜨지 않고 오른쪽 바늘로 옮겨준다(코의 방향은 바꾸지 않는다).

왼쪽 바늘에 감겨 있던 실을 푼다.

3~4를 총 6코 만큼 반복한다.

왼쪽 바늘을 오른쪽 바늘에 걸린 1~3번째 코에 넣고 4~6번째 코에 덮어씌운 뒤, 교차된 상태에서 4~6번째 코를 왼쪽 바늘로 옮겨준다.

옮긴 6코를 겉뜨기한다.

다음 6코는 **3~5**와 같은 방식으로 길게 늘인 6코를 왼쪽 바늘에 옮기고, 4~6코를 1~3코에 덮어씌워 교차된 상태에서 겉뜨기를 6코 떠준다. 도안에 따라 지정된 위치에서 이를 반복한다.

세로로 이어진 리프 무늬 포인트가 귀엽다.

M

손등에 포인트를 주는

핸드 워머

부드러운 릴리 얀을 사용해
원형뜨기로 완성한 핸드 워머입니다.
손등에 리프 무늬를 두 줄 떠주어
심플하면서도 질리지 않는 디자인입니다.

Design 카제코보
Yarn 하마나카 소노모노 알파카 릴리
How to make ▶ p.69

N

무늬를 빙 둘러준

털모자

깔끔한 리프 무늬를 파란색 실로 떠주어
매니시한 스타일로 완성해주었습니다.
메리야스뜨기를 기본으로 무늬를 균형감 있게 배치해줍니다.
3번 감아 끌어 올려뜨기한 실을 풀어 만든
커다란 새싹 모양이 돋보입니다.

Design 카제코보
Yarn DARUMA 긱
How to make ▶ p.70

ㅇ

기다란 교차뜨기로 포인트를 준

와이드 넥워머

크로스 스티치는 단색으로 떠줄수록 무늬에
음영이 더해집니다. 자연스러운 입체감이
심플한 넥워머를 더욱 볼륨감 있게 만들어주지요.
직사각형의 뜨개 바탕을 꿰매 원통 모양으로 마무리합니다.

Design 칸노 나오미 / Yarn 퍼피 알파카 콜카
How to make ▶ p.72

굵은 실로 만드는 커다란 크로스 스티치는
적당한 비침과 입체감이 포인트입니다.

P

콧수를 늘려 폭을 넓힌
블랭킷

O의 와이드 넥워머의 콧수를 늘려 만들 수 있는 블랭킷입니다.
뜨개 시작과 끝부분은 2코 고무뜨기를 해줍니다.
조금 큰 사이즈이기 때문에 가벼운 베이비 알파카 실로 떠주었습니다.

Design 칸노 나오미 / Yarn 퍼피 알파카 몰리스
How to make ▶ p.74

Entrelac

바구니뜨기

사각형을 하나씩 떠가며 바구니 같은 무늬를 만들어줍니다.
숄처럼 크게 만드는 경우에는 줄바늘이 편리합니다.

완성 작품 ▶ p.32

Swatch

Pattern

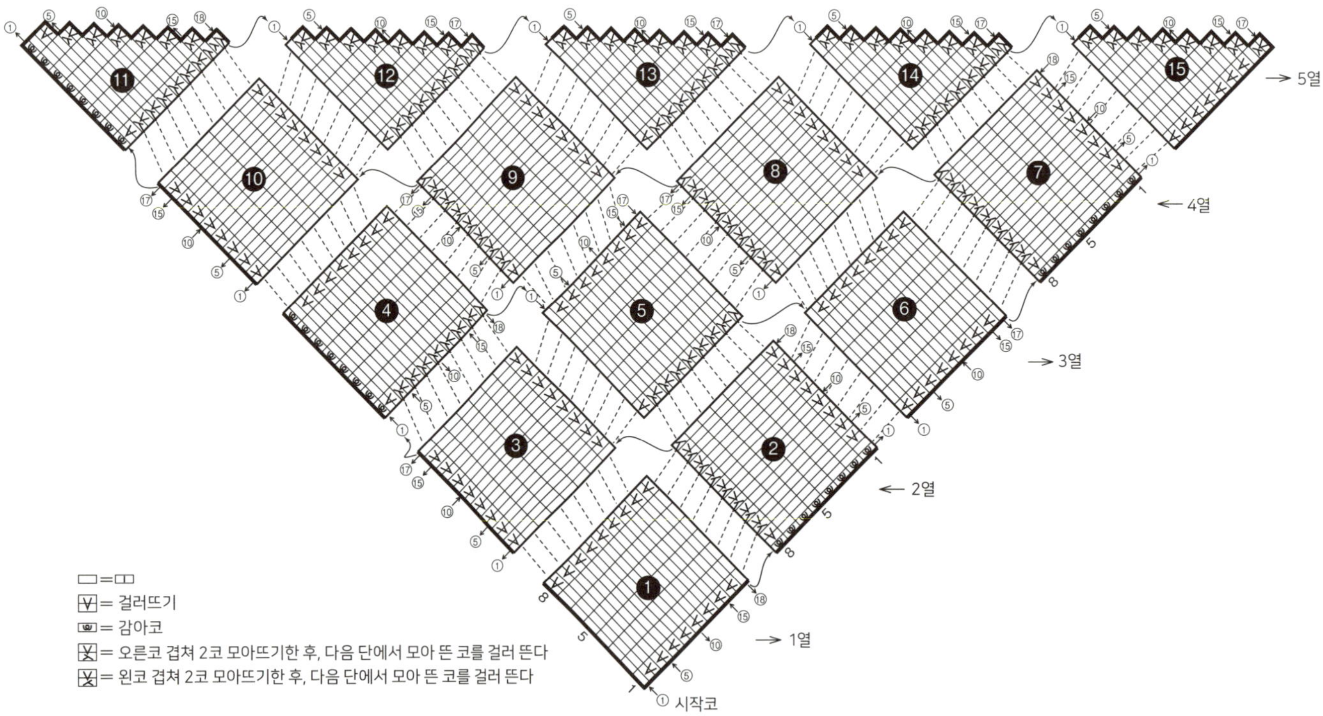

Point Lesson

※하나의 사각형을 '블록', 블록을 다 떠준 부분을 '열'이라 부르며, 블록 안은 콧수와 단수로 표기하였습니다.
※7, 13, 18, 19는 이해를 돕기 위해 실의 색상을 일부 바꾸어 떠주었습니다.

1열

손가락에 거는 시작코로 8코를 만들어준 후, 매 단의 첫코를 걸러뜨기하며 18단까지 떠준다. 블록❶ 완성.

2열

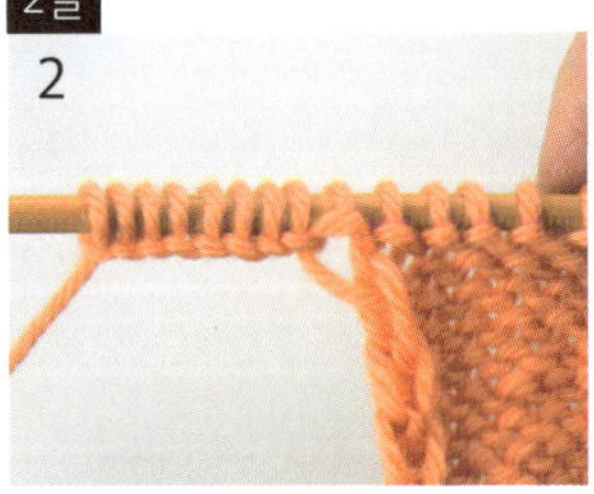

블록❷는 감아코로 8코를 만들고, 3단까지 도안대로 떠준다.

4단은 가장자리 코를 걸러뜨기한 후 겉뜨기로 6코 떠준다.

8번째 코는 맞닿아 있는 블록❶의 1코와 오른코를 겹쳐 2코 모아 떠준다.

5

같은 방법으로 18단까지 떠준다. 블록❷ 완성.

6

블록❸은 블록❶에서(5의 ★) 걸러뜨기한 가장자리 코를 주워 뜬다(가장자리 실 2가닥을 줍는다).

7

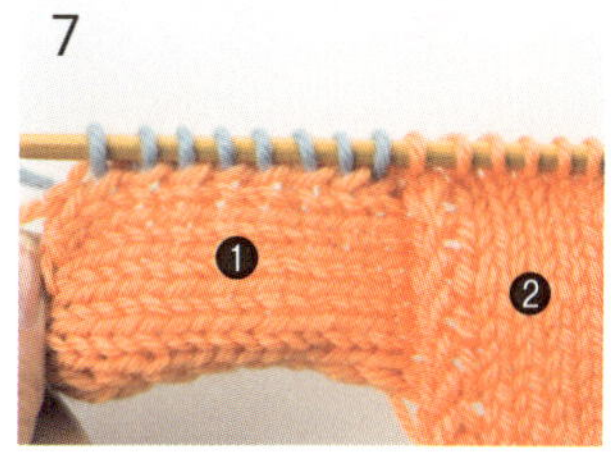

총 8코를 줍는다.

8

도안에 따라 17단까지 떠준다. 블록❸ 완성.

3열

9

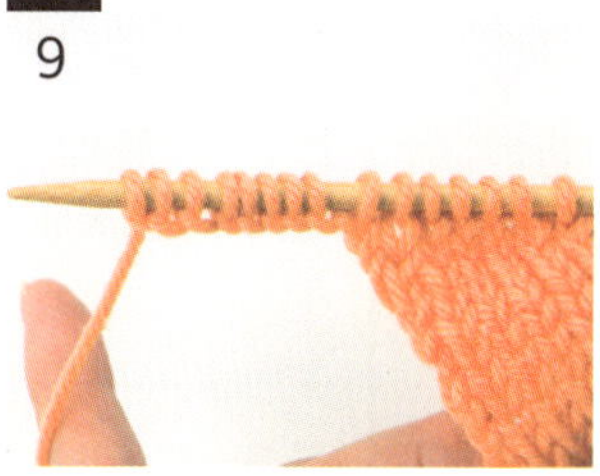

블록❹는 감아코로 8코를 만든 후, 3단까지 도안대로 떠준다.

10

4단 마지막 코는 맞닿아 있는 블록❸의 1코와 함께 왼코 겹쳐 2코 모아 안뜨기를 해준다.

11

왼코 겹쳐 2코 모아 안뜨기 완성(이 코는 겉에서 보면 도안과 같은 오른코에 겹쳐 2코 모아뜨기가 된다).

12

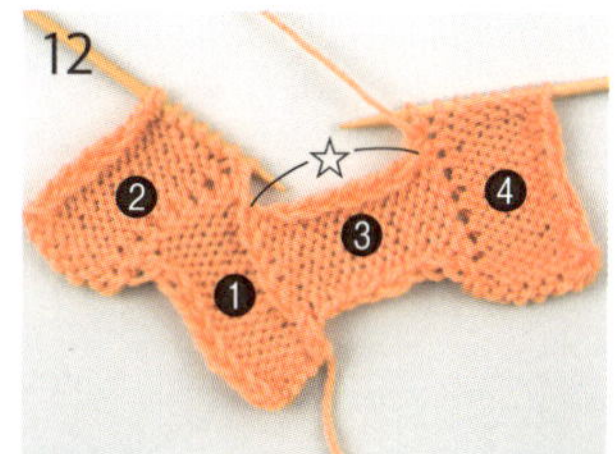

같은 방식으로 18단까지 떠준다. 블록❹ 완성.

13

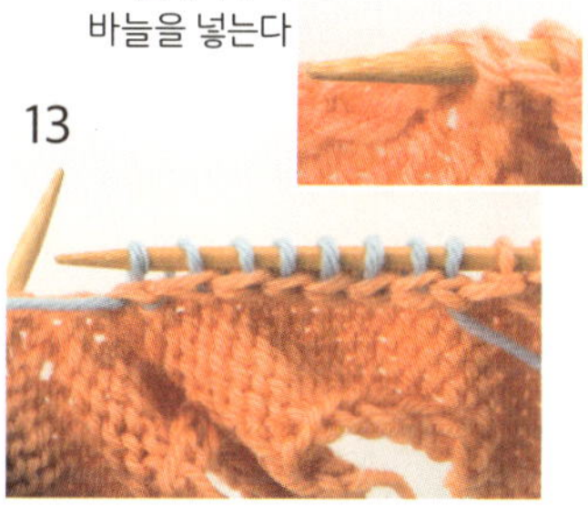

블록❺는 블록❸의 단(☆)에서 코를 줍는다. 뜨개 바탕의 안을 보면서 가장자리에 걸러뜨기된 코에 겉에서부터 바늘을 넣어 8코를 줍는다.

14

블록❷의 마지막 단의 코와 가장자리 코를 겹쳐 2코 모아 떠주며 총 17단을 뜬다. 블록❺ 완성. 블록❻은 블록❷의 단에서 코줍기하며 총 17단을 떠준다.

4열

15

블록❼~❿은 2열과 같은 방식으로 떠준다.

5열

16

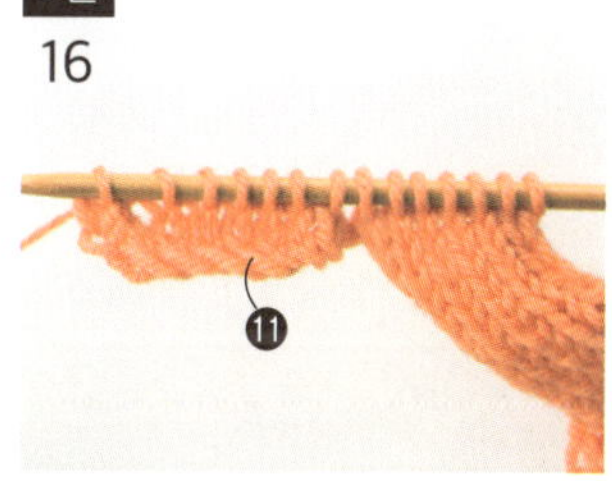

블록⓫은 감아코로 8코 만든 후, 5단의 왼쪽 가장자리 2코를 왼코 겹쳐 2코 모아뜨기한다(1코 감소). 계속해서 홀수단의 가장자리에서 코를 줄이며 삼각형 블록을 만들어준다.

17

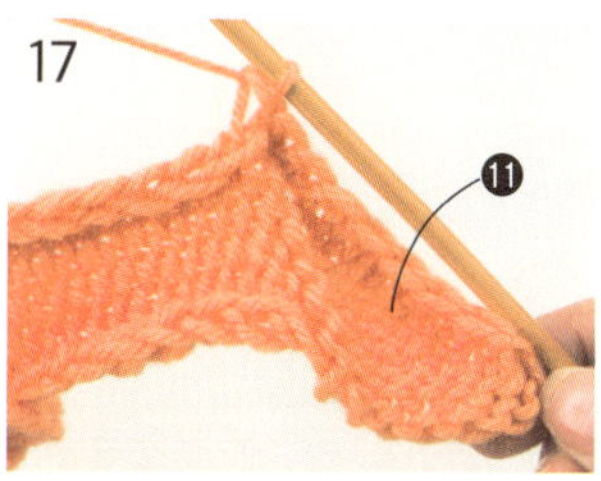

블록⓫ 완성.

18

블록⓬는 블록❿의 단에서 8코를 줍는다.

19

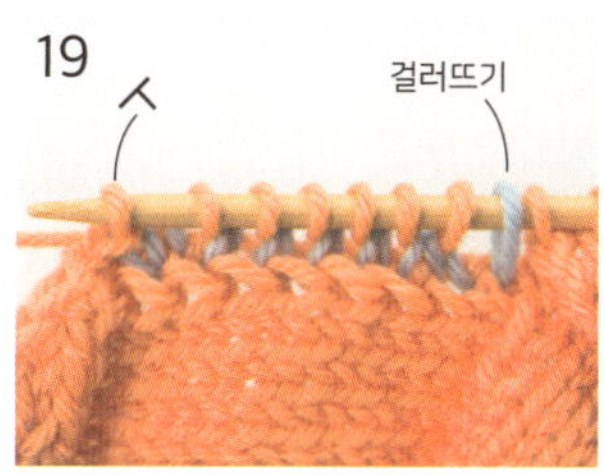

2단은 1번째 코를 걸러 뜨고, 겉뜨기를 6코 뜬 후 마지막 1코와 블록⓫의 마지막 코를 왼코 겹쳐 2코 모아뜨기한다.

20

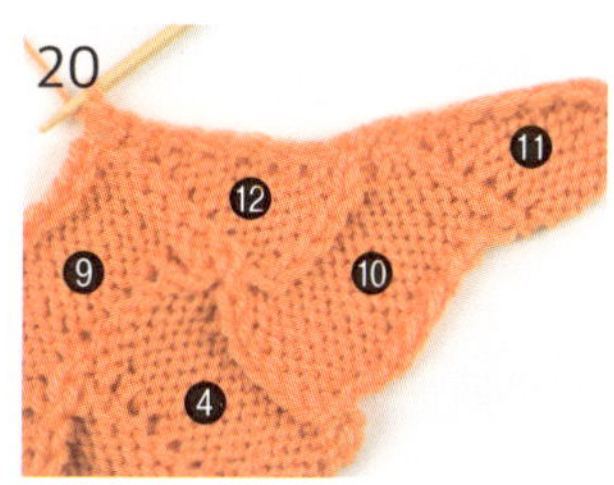

같은 방법으로 코를 줄이며 17단을 뜬다. 블록⓬ 완성. 남은 블록도 같은 방법으로 삼각형을 만들어준다.

Mitered Square

도미노뜨기

도미노 게임처럼 같은 모양의 조각을 연속적으로 만들어 나가는 도미노뜨기입니다.
홀수 코에서 시작코를 만들고, 가운데는 3코 모아뜨기를 하며 가터뜨기로 정사각형의 모티브를 만듭니다.
모티브 자체의 배색을 바꿔주거나, 배열 순서를 바꾸어 다양한 디자인을 만들 수 있습니다.

완성 작품 ▶ p.33

Swatch

Pattern

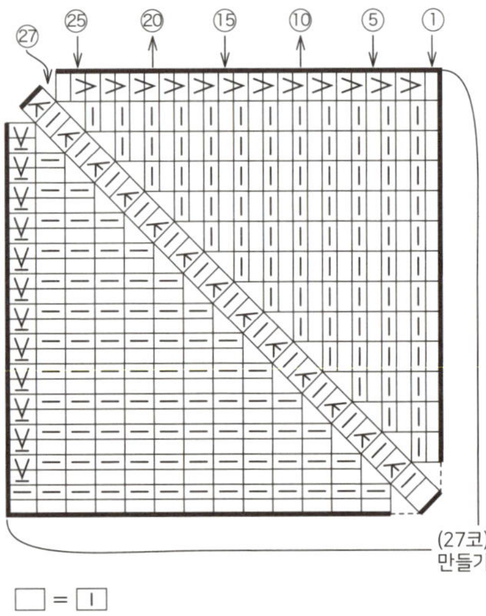

Point Lesson

'뜨면서 만드는 시작코'를 만들어준다. 먼저 1번째 코를 바늘에 건다(p.89 '손가락에 거는 시작코' **1~6** 참조. 고리에는 바늘 1개만 넣어준다).

겉뜨기하듯 오른쪽 바늘을 넣어 실을 걸어 빼낸다. 화살표와 같이 빼낸 실의 고리 아래에 왼쪽 바늘을 넣는다.

왼쪽 바늘이 들어간 모습. 오른쪽 바늘을 빼낸다.

코를 조여준다. 2번째 코 완성.
※이러한 방식의 시작코를 '뜨면서 만드는 시작코'라고 부른다.

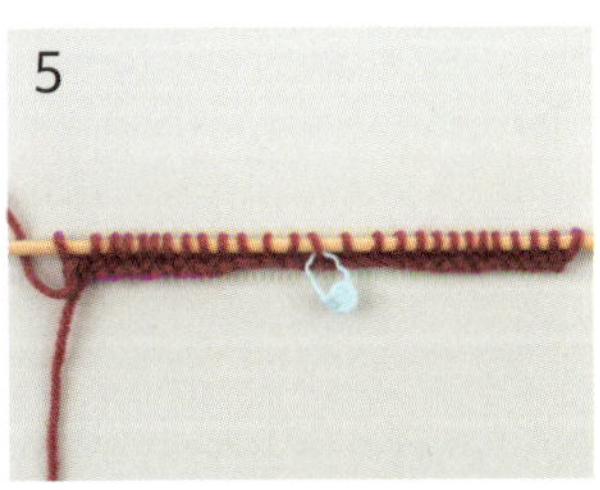

같은 방법으로 총 27코를 만든다. 2단은 겉뜨기를 떠주고, 마지막 코만 안뜨기로 뜬다. 2단이 완성된 모습.
※보기 쉽도록 가운데 코에 마커를 걸어준다.

3단(홀수 단)은 1번째 코를 걸러뜨고, 가운데에서 오른코 겹쳐 3코 모아뜨기를 한 후 계속해서 겉뜨기를 해준다. 마지막 코는 항상 안뜨기로 뜬다.

4단은 1번째 코를 걸러 뜨고, 나머지는 겉뜨기를 해주며 마지막 코만 안뜨기로 뜬다. 5단은 3단과 같은 방법으로 떠나간다. 27단까지 **6~7**을 반복하며 떠준다.

27단까지 떠준 모습. 마지막은 코 안에 실을 통과시켜 조여준다.

【모티브 이어 뜨는 방법】

2장 이상의 모티브를 이어 뜨는 방법에는 세 가지가 있습니다.

Ⓐ 맞닿아 있는 모티브의 코를 먼저 줍고 시작코를 만든다.
Ⓑ 시작코를 만들고 맞닿아 있는 모티브의 코를 줍는다.
Ⓒ 3개의 모티브의 코를 줍는다.

여기서 중요한 점은 어떤 방법이든 모티브 중앙의 3코 모아뜨기 위치를 맞추는 것입니다. 아래에서 2~4번째 모티브를 잇는 방법을 예로 들어 설명합니다.

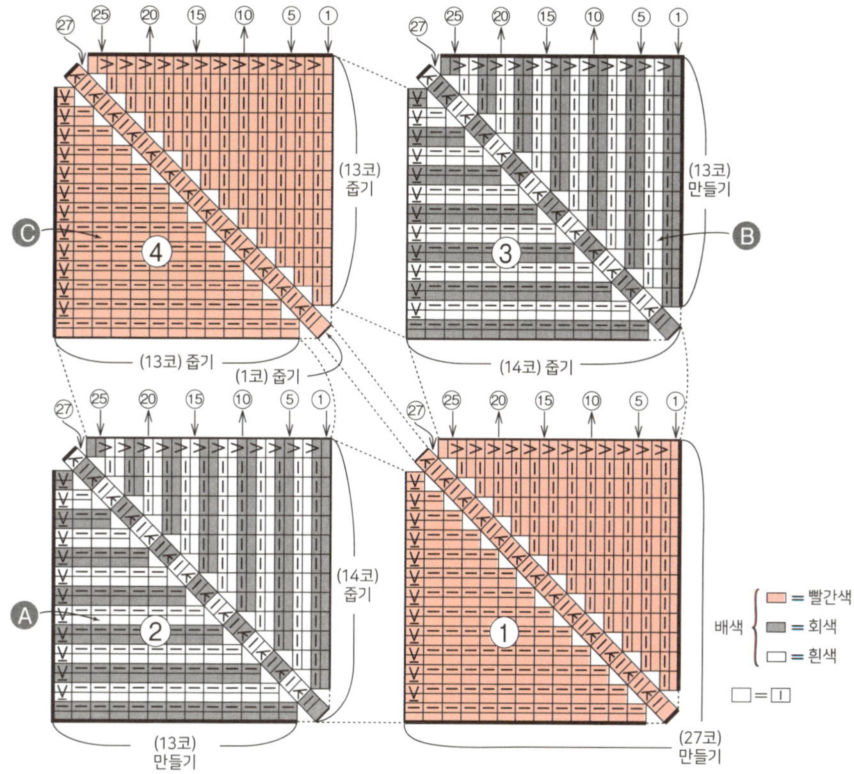

Ⓐ 2번째 모티브 이어 뜨는 방법

1

1번째 모티브의 가장자리에서 14코를 줍고, 계속해서 뜨면서 만드는 시작코로 13코를 만들어준다. 바늘에는 총 27코가 걸려 있다.

2

배색을 바꿔가며 3단까지 떠준 모습(모티브 뜨는 법은 1번째 모티브와 동일함).

3

2번째 모티브를 이어 떠준 모습.
※보기 쉽도록 실을 정리해둔 상태.

Ⓑ 3번째 모티브 이어 뜨는 방법

4

뜨면서 만드는 시작코로 13코를 만든 후, 1번째 모티브의 가장자리에서 14코를 줍는다. 바늘에는 총 27코가 걸려 있다.

5

배색을 바꾸어가며 27단까지 떠준다(모티브 뜨는 법은 1번째 모티브와 동일함). 3번째 모티브를 이어 떠준 모습.

Ⓒ 4번째 모티브 이어 뜨는 방법

6

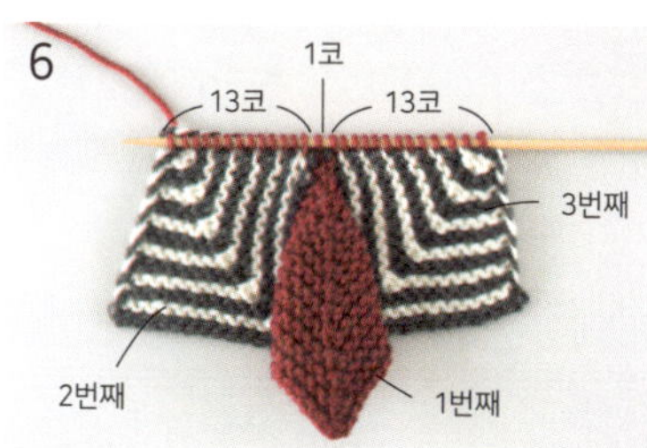

4번째 모티브는 3번째 모티브의 가장자리에서 13코, 1번째 모티브의 모서리에서 1코, 2번째 모티브의 가장자리에서 13코 주워 뜬다.

뜨개 바탕의 가장자리에 태슬을 달아주었습니다.
적당한 두께감으로 수납하기도 좋습니다.

Q

배색뜨기가 필요 없는 그라데이션 색상

삼각 숄

삼각형의 꼭지점부터 뜨기 시작해
실의 색상이 그라데이션으로
바뀌는 것을 즐기며 떠나갑니다.
기본 뜨개 방법만 익힌다면
도안을 보지 않아도 손쉽게 뜰 수 있답니다.

Design 사이토 리코 / Yarn 나이토쇼지 엘리자
How to make ▶ p.76

R

북유럽풍의 모던한 배색

무릎 담요

기본 모티브는 하나뿐인 작품입니다.
모티브 중앙의 줄임코 라인이 대각선으로 이어지도록
배치해 담요를 만드는 것이 포인트입니다.
기호에 맞는 배색으로 개성을 살려보는 것도 좋습니다.

Design 사이토 리코 / Yarn 퍼피 퀸 애니
How to make ▶ p.78

Two-color Daisy Stitch

두 가지 색의 데이지 스티치

2번 감아 드라이브뜨기 5코를 다음 단에서 코 줄이기,
코 늘리기를 한 번에 해주어 소용돌이 같은 꽃 모양을 만들어줍니다.
복잡해 보이지만 모두 대바늘 2개로 만들 수 있습니다.

완성 작품 ▶ p.36, 37

Swatch

Pattern

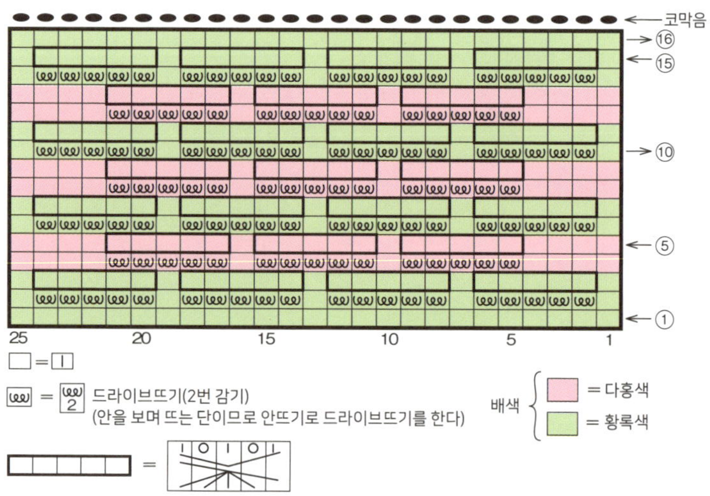

Point Lesson

1 황록색 실로 시작코를 25코 만들어준다. 2단은 1번째 코를 안뜨기해준다.

2 2번째 코는 안뜨기하듯 바늘을 넣는다.

3 바늘에 실을 두 번 감아 빼낸다.

4 빼낸 모습. 안뜨기로 2번 감아 드라이브뜨기 완성.

5 같은 방법으로 안뜨기로 2번 감아 드라이브뜨기를 총 5코 뜬다.

6 계속해서 안뜨기 1코, 안뜨기로 2번 감아 드라이브뜨기 5코를 반복하고, 마지막 1코는 안뜨기로 뜬다. 2단 완성.

7 3단은 1번째 코를 겉뜨기한다.

8 2번째 코는 앞 단의 드라이브뜨기한 코에 겉뜨기하듯 오른쪽 바늘을 넣는다.

9

그대로 오른쪽 바늘에 코를 옮겨 왼쪽 바늘의 2번 감긴 코를 푼다.

10

같은 방법으로 앞 단의 드라이브뜨기 한 5코를 오른쪽 바늘에 옮긴다.

11

10의 5코에 왼쪽 바늘을 왼쪽부터 넣어 오른쪽 바늘에 실을 걸어 빼낸다.

12

실을 빼낸 모습. 이때 왼쪽 바늘은 그대로 둔다.

13

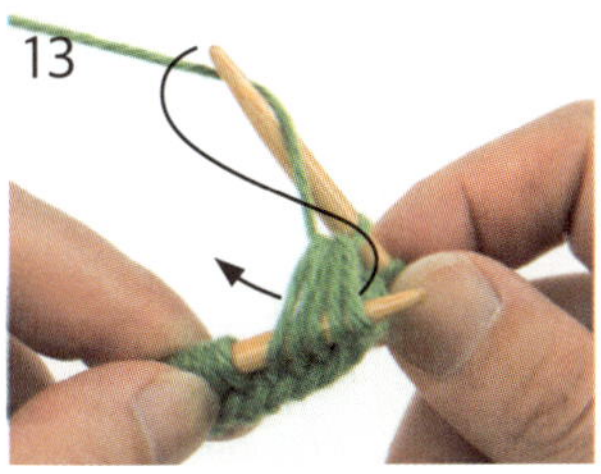

왼쪽 바늘에 실을 걸어 다시 화살표와 같이 바늘을 넣는다.

14

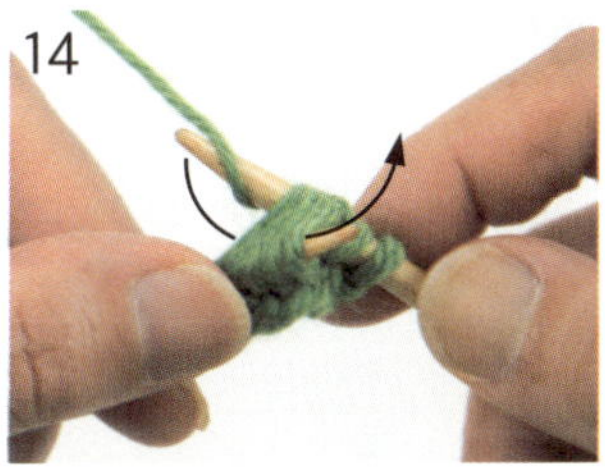

실을 걸어 빼낸다.

15

실을 빼낸 모습.

16

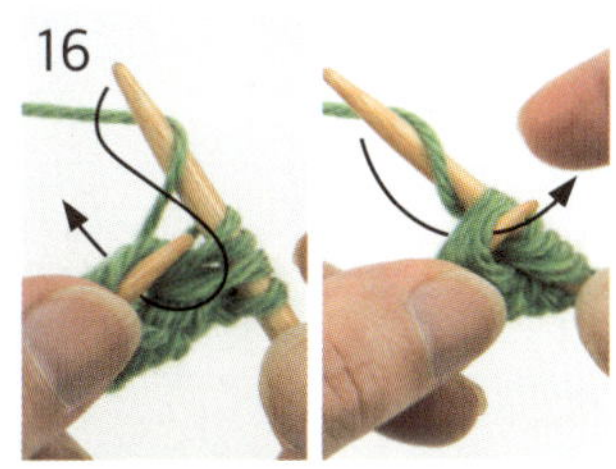

다시 한 번 오른쪽 바늘에 실을 걸고, 같은 곳에 바늘을 넣고 실을 걸어 빼낸다.

17

실을 빼낸 모습.

18

왼쪽 바늘을 코에서 빼낸다. 겉뜨기 1코, 걸기코 1코, 겉뜨기 1코, 걸기코 1코, 겉뜨기 1코(★) 완성.

19

같은 방법으로 겉뜨기 1코와 ★을 뜨고, 마지막 1코는 겉뜨기로 마무리한다.
3단 완성.

20

4단은 실을 다홍색으로 바꿔준 후, 안뜨기로 4코를 뜬다.

21

계속해서 안뜨기로 2번 감아 드라이브뜨기를 5코 뜬다.

22

안뜨기 1코, 안뜨기로 2번 감아 드라이브뜨기 5코를 반복하고, 마지막 4코는 안뜨기로 마무리한다. 4단 완성.

23

5단은 앞 단의 드라이브뜨기 위치에서 ★을 뜬다. 5단 완성. 계속해서 도안에 따라 배색을 바꿔주면서 지정 단수만큼 떠준다.

S

파스텔 톤의 여성스러운
헤어 터번

감고, 걸고, 풀고, 뜨기.
다양한 뜨개 방식을 조합하여 만드는 데이지 스티치입니다.
수수한 느낌의 트위드 실로 자연스러움을 더해주었습니다.

Design 이마무라 요코 / Yarn 하마나카 아란 트위드
How to make ▶ p.73

T

짱한 두 가지 색상으로 기분을 들뜨게 만들어줄

파우치

2단마다 비비드한 색으로 실을 바꿔 떠주면 귀엽고
발랄한 느낌의 뜨개 바탕이 만들어집니다.
뒷면을 완성한 후, 바닥의 시작코에서 앞면을 떠나갑니다.
단추 장식은 코바늘로 만들어줍니다.

Design 이마무라 요코 / Yarn 하마나카 엑시드 울 L 병태
How to make ▶ p.80

Little Cockleshell Stitch

끌어 올려뜨기로 만드는 조가비 무늬

걸기코로 코를 늘리고, 끌어 올려뜨기로 세로줄을 만듭니다. 끌어 올려뜨기 사이에 안뜨기를 떠주면 무늬가 더욱 도드라집니다. 끌어 올려뜨기에서는 떠준 코를 빼내는 방법을 사용합니다.

완성 작품 ▶ p.40

Swatch

Pattern

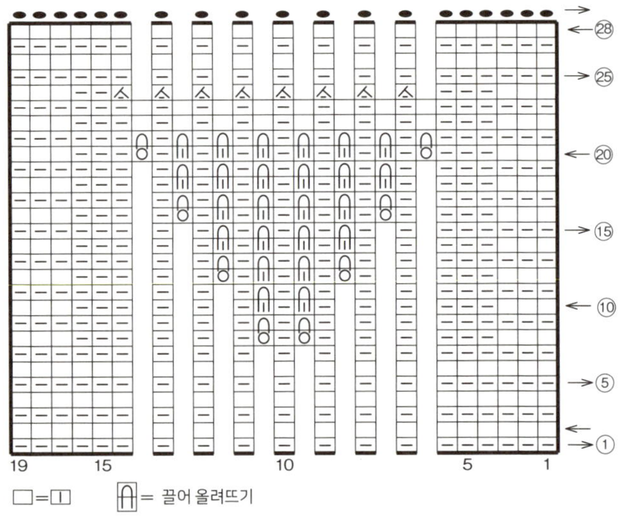

Point Lesson

9단까지 도안대로 떠준다.

10단은 9번째 코까지 도안대로 뜬 후, 10번째 코에서 8단째 코의 걸기코에 바늘을 넣는다.

바늘에 실을 걸어 빼내고, 왼쪽 바늘에 걸린 코를 1코 빼낸다(겉뜨기한다). 이를 끌어 올려뜨기(1단: 뜬 코를 빼내는 방법)라고 부른다.

안뜨기를 1코 뜨고, 다음 코도 **2~3**과 같은 방법으로 8단째 걸기코에 바늘을 넣어 겉뜨기한다.

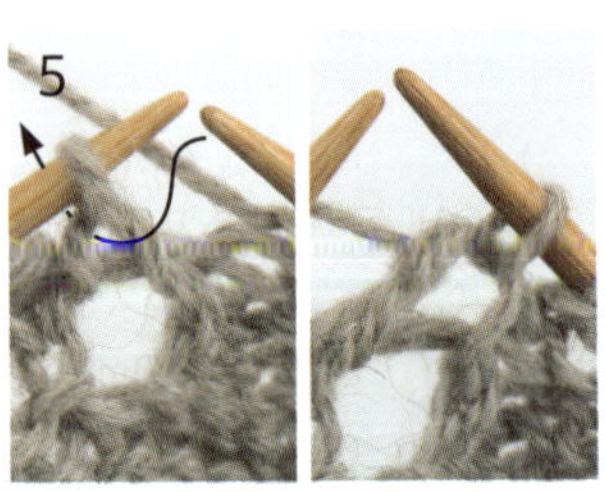

12단 10번째 코까지 도안대로 떠준다. 11번째 코는 10단의 코에 화살표와 같이 바늘을 넣어 실을 걸고 빼낸다(겉뜨기한다). 끌어 올려뜨기(1단) 완성.

안뜨기로 1코를 뜨고, 다음 코도 11번째 코와 동일하게 뜬다.

23단까지 지정 위치에서 끌어 올려뜨기(1단)를 하면서 도안대로 떠나간다.

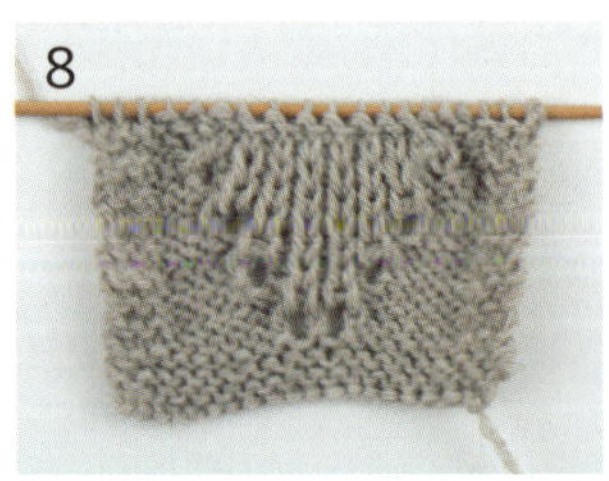

24단은 지정 위치에서 안뜨기로 왼코 겹쳐 2코 모아뜨기를 한 후, 걸기코로 늘어난 콧수를 줄여준다.

Pleated Garter Stitch

플리츠뜨기

기본 바탕은 두 가지 색의 배색뜨기입니다. 뜨개 바탕에 주름을 만들어주기 위해
뒷면의 건네는 실을 잡아당깁니다. 단색의 경우에는 같은 색상의 실 2가닥을 이용해 동일하게 떠줍니다.

완성 작품 ▶ p.41

Swatch

Pattern

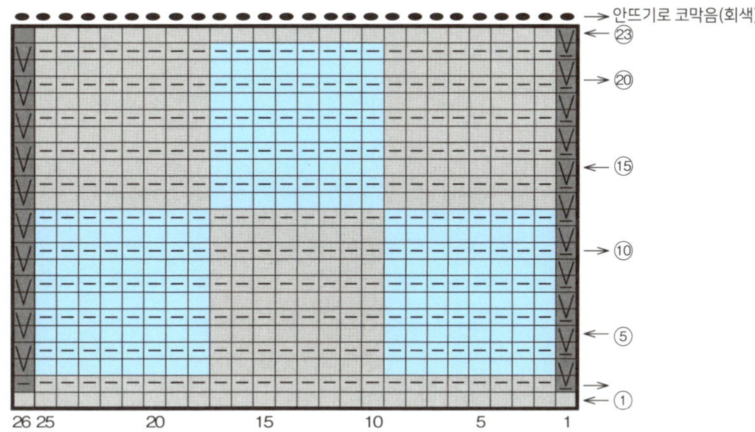

□=□

※건네는 실을 잡아당겨 느슨해지지 않도록 뜬다.
배색실, 바탕실 모두 가장자리까지 건너가게 한다

배색
- = 회색
- = 하늘색
- = 회색과 하늘색

Point Lesson

※바탕실은 회색 실, 배색실은 하늘색 실로 설명합니다.

1

회색 실로 시작코를 26코 만든 후, 2단을 떠준 모습. 하늘색 실로 매듭을 지어 바늘에 건다.

※실을 강하게 당기기 때문에 배색실의 시작 부분을 고정해두는 편이 뜨기 쉽다.

2

3단의 1번째 코는 두 색을 함께 걸러 뜬다.

3

하늘색 실로 겉뜨기를 8코 뜬다.

4

코 사이의 간격이 없어지도록 하늘색 실을 강하게 당기며 회색 실로 겉뜨기한다.

5

회색 실로 겉뜨기를 7코 떠준 후, 코 사이의 간격이 없어지도록 하늘색 실을 강하게 당기며 겉뜨기한다.

6

동일한 방법으로 하늘색 실로 겉뜨기를 7코 뜬 후, 마지막으로 두 색을 함께 겉뜨기해준다. 3단 완성.

7

안을 보며 뜨는 단도 1번째 코는 걸러뜨기한 후, 건네는 실을 강하게 당기며 12단까지 떠준다.

8

12단까지 뜬 뜨개 바탕을 겉에서 본 모습. 뜨개 바탕에 주름이 잡혀 있다. 배색을 바꾸어도 동일한 요령으로 떠주면 된다.

머플러를 한 번 감아주어
단추를 채워도 멋지답니다.

U

안뜨기 바탕의 입체적인 무늬

단추 장식 머플러

끌어 올려뜨기의 시작점을 달리하여
역삼각형의 조가비 무늬를 만들어줍니다.
뜨개 바탕이 말리지 않도록 가장자리는
가터뜨기로 마무리합니다.

Design 니시무라 토모코 / Yarn 하마나카 소노모노 알파카 울 병태

How to make ▶ p.82

플리츠뜨기는 왕복뜨기를 해줍니다.
계속해서 2코 고무뜨기는
원형뜨기로 만들어줍니다.

V

바둑판무늬를 접어 만드는 앵클 워머

주름 잡힌 뜨개 바탕과 안면에 걸친 실의 효과로
두 배 따뜻한 앵클 워머입니다.
발목을 감싸는 부분을 2코 고무뜨기로 떠준 후,
안쪽으로 접어 사용합니다.

Design 니시무라 토모코 / Yarn 퍼피 프린세스 애니
How to make ▶ p.84

Double Knitting

양면뜨기

뜨개 바탕 양면에 동일한 무늬가 생기도록 하는 뜨개 방식입니다.
두 가지 색으로 뜨며, 배색은 겉면과 안면이 반대가 됩니다.
1단에서 양면의 뜨개 바탕을 한 번에 뜨기 때문에 시작코는 도안의 2배로 만들어줍니다.
이 뜨개 방식은 2코가 도안의 1칸(겉뜨기 1코, 안뜨기 1코)에 해당한다는 것을 기억하면 이해하기 쉽습니다.

완성 작품 ▶ p.46

Swatch

〔겉면〕

〔안면〕

Pattern

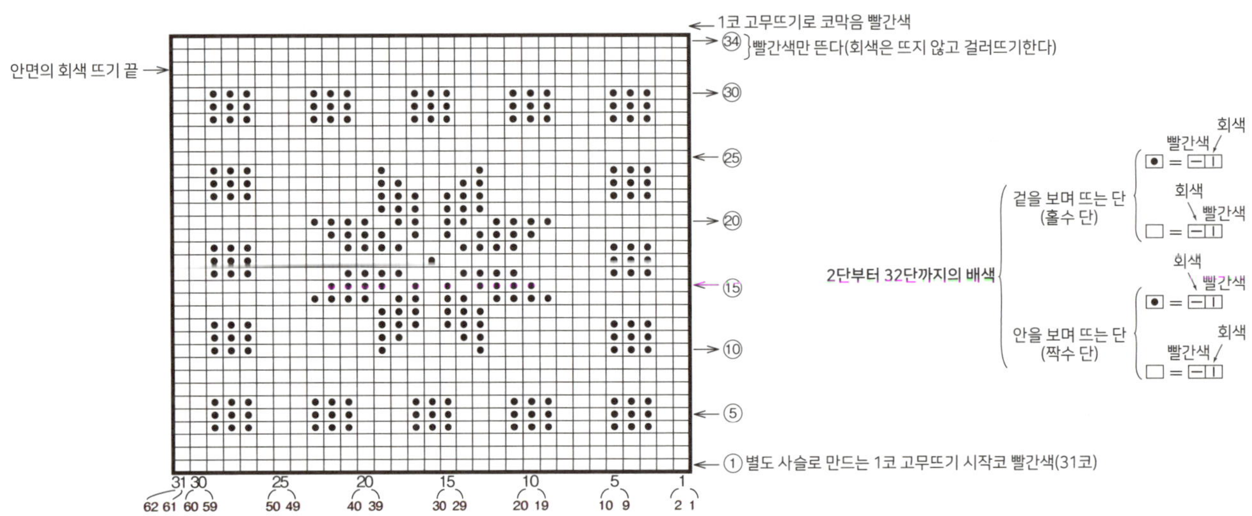

Point Lesson

※바탕실은 빨간색 실, 배색실은 회색 실(완성 작품에서는 흰색을 사용)로 설명합니다.

1단

별도의 매끄러운 실로 필요 콧수(견본은 31코)만큼 별도 사슬을 만들고, 사슬코의 코 산을 주우며 빨간색 실로 31코를 뜬다(대바늘은 본체를 뜨는 호수보다 2호 올려 사용한다).

뜨개 바탕을 뒤집어 실제로 뜰 실에 단코 표시핀을 달아 놓는다.

2단은 안뜨기를 뜬다.

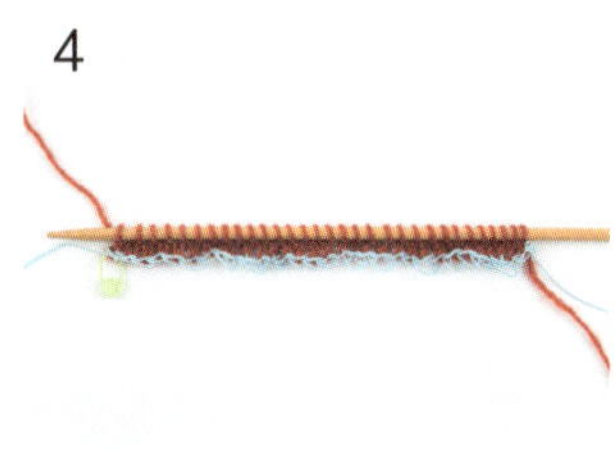

뜨개 바탕을 뒤집어 3단을 겉뜨기한다. 3단이 완성된 모습.

2단 안을 보며 뜨는 단

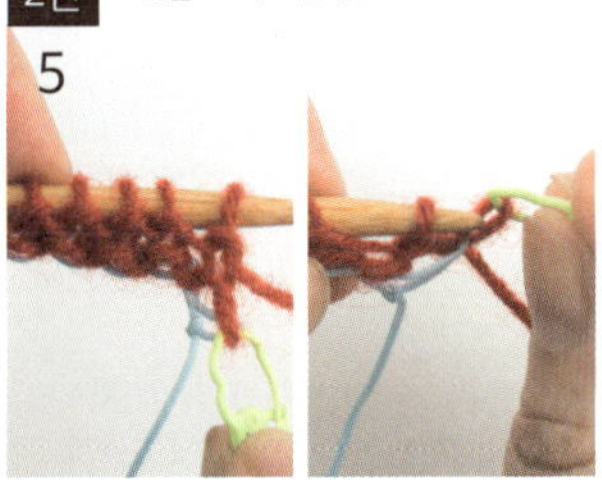

뜨개 바탕을 뒤집어 단코 표시핀을 달아놓은 코를 끌어 올려 대바늘에 건다.

바늘에 걸린 모습.

본체를 뜰 대바늘로 바꿔 들고(대바늘 호수를 2호 내린다), 1번째 코를 회색 실로 겉뜨기를 뜬다.

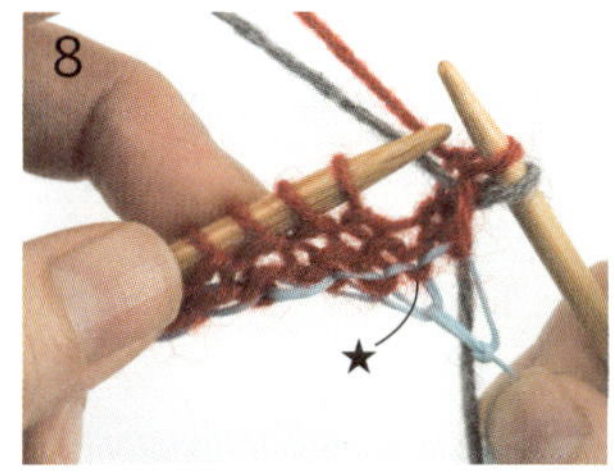

회색 실이 앞쪽에 오도록 2가닥의 실을 들고 2번째 코는 빨간색 실로 안뜨기를 뜬다.

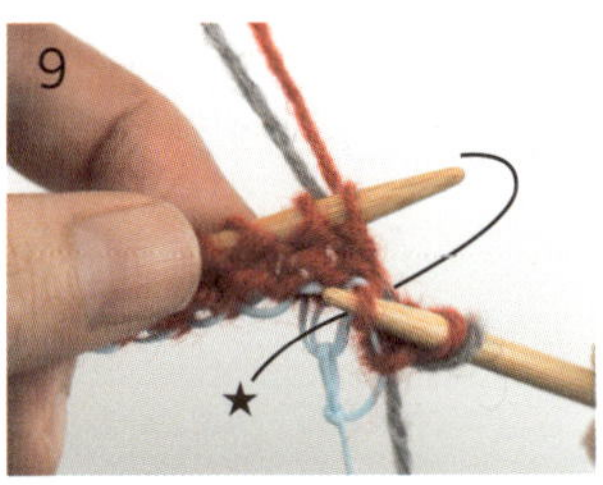

3번째 코는 1단의 건네는 실(8의 ★)을 오른쪽 바늘로 끌어 올려 왼쪽 바늘에 걸어준다.

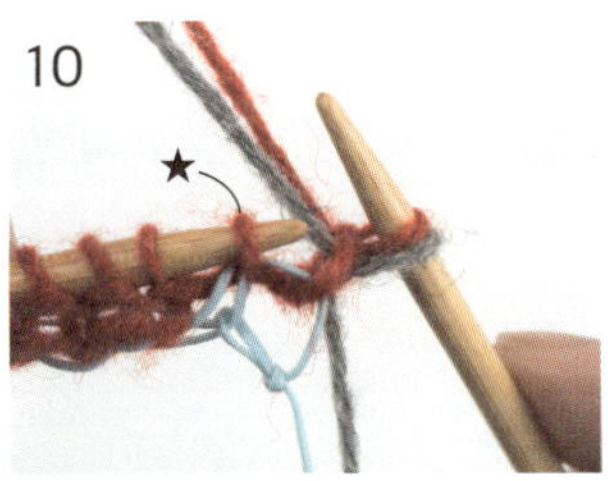

왼쪽 바늘에 걸린 모습.

왼쪽 바늘에 건 코를 회색 실로 겉뜨기를 뜬다.

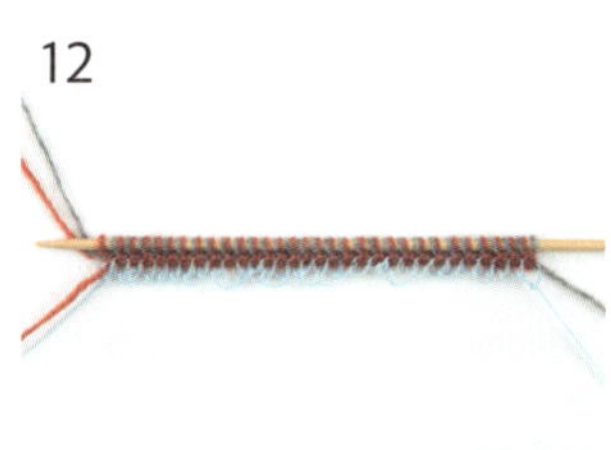

8~11을 반복한 후, 마지막 코는 빨간색 실로 안뜨기해준다. 2단 완성. 총 콧수는 62코가 된다.

3단 겉을 보며 뜨는 단

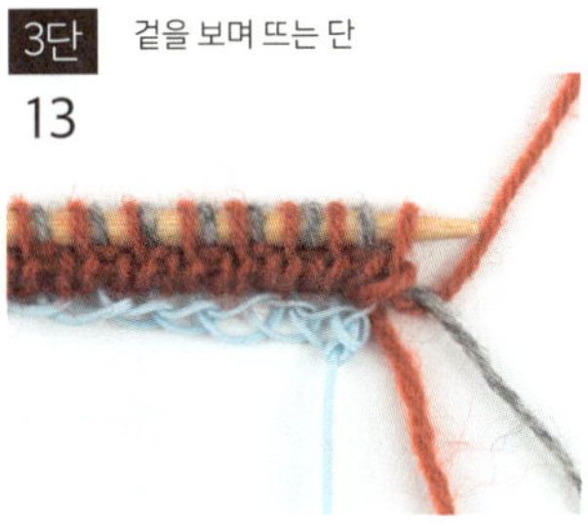

뜨개 바탕을 뒤집어 실을 교차시킨다.

1번째 코를 빨간색 실로 겉뜨기, 2번째 코를 회색 실로 안뜨기를 뜬다.

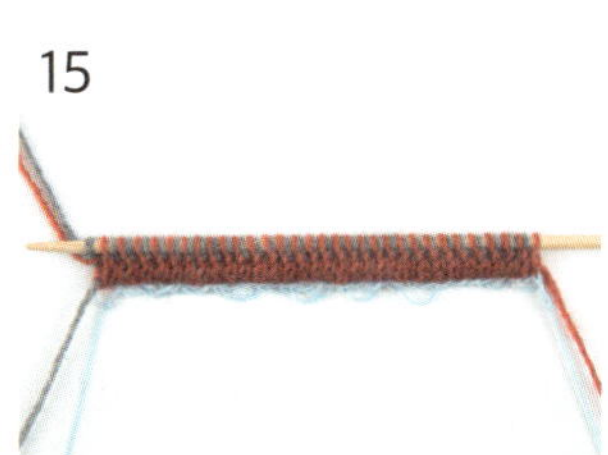

14를 반복하며 끝까지 뜬다. 3단 완성.

별도의 실로 뜬 사슬코를 푼다.

4단 안을 보며 뜨는 단(도안의 □ : 회색 / ⊡ : 빨간색)

17

4단의 첫 4코는 회색 실로 겉뜨기 1코, 빨간색 실로 안뜨기 1코를 2번 반복한다.

18

계속해서 무늬를 떠나간다. 5번째 코를 빨간색 실로 겉뜨기로 뜬다.

19

6번째 코를 회색 실로 안뜨기로 뜬다.

5~6번째 코는 이전 단과 배색이 반대로 만들어진다.

20

7~10번째 코도 **18~19**와 동일하게 뜬다.

21

다음 6코는 회색 실로 겉뜨기 1코, 빨간색 실로 안뜨기 1코를 3번 반복한다.

22

계속해서 **18~21**을 반복한다. 마지막 4코는 **17**과 동일하게 뜬다.

5단 겉을 보며 뜨는 단(도안의 □ : 빨간색 / ⊡ : 회색)

23

5단의 첫 4코는 빨간색 실로 겉뜨기 1코, 회색 실로 안뜨기 1코를 2번 반복한다.

24

다음 6코는 회색 실로 겉뜨기 1코, 빨간색 실로 안뜨기 1코를 3번 반복한다.

25
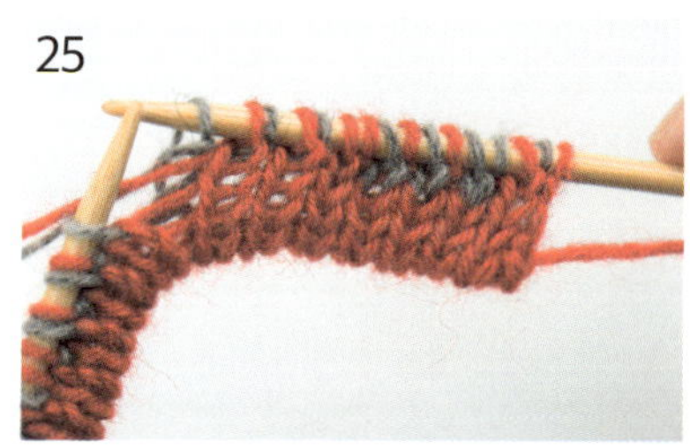
다음 6코는 빨간색 실로 겉뜨기 1코, 회색 실로 안뜨기 1코를 3번 반복한다.

같은 무늬를 겉과 안, 양쪽에서 뜨는 방법을 4단과 5단에서 설명하였다. 비교하며 참조해보자.

26

계속해서 **24~25**를 반복한다. 마지막 4코는 **23**과 동일하게 뜬다.

27

6단은 4단과 동일한 방법으로 뜬다. 3~6단의 양면에 격자무늬가 만들어진다.

28

4단과 5단의 겉과 안을 보며 뜨는 방법과 동일한 요령으로 무늬에 맞추어 배색을 바꾸어가며 32단까지 뜬다.

뜨개 끝 빨간색 실로만 뜬다(회색 실은 뜨지 않고 걸러 뜬다)

29

33단은 빨간색 겉뜨기 코를 겉뜨기로 뜬다.

30

회색 코는 걸러 떠준다.

31

마지막까지 동일한 방법으로 뜬다.

32

다음 단은 회색 코를 걸러뜨기, 빨간색 코를 안뜨기로 뜬다.

33

마지막까지 뜬 모습. 남은 실은 뜨개 바탕 폭의 약 3.5배의 길이를 남겨놓고 자른다.

34

옆에서 보면 겉면이 더 길다.

마지막 2단은 회색 코를 걸러뜨기하여 안면이 높아지지 않도록 한다. 겉면을 2단 길게 만든 상태에서 1코 고무뜨기로 코막음을 해주면 뜨개 시작 부분과 똑같이 깔끔하게 마무리된다.

코 막는 법 1코 고무뜨기로 코막기(마지막이 겉뜨기 1코, 안뜨기 1코로 끝나는 경우)

35

33의 실 끝에 돗바늘을 넣어 1코 고무뜨기로 코막기를 한다. 마지막 3코는 뒤쪽에서 바늘을 넣고, 화살표 방향과 같이 마지막 코의 앞을 지나도록 바늘을 통과시킨다.

36

그대로 돗바늘을 빼낸다.

37

다음으로 빨간색 코의 앞쪽에서 돗바늘을 넣어 왼쪽 바늘에서 코를 빼낸다. 계속해서 마지막 코의 뒤쪽에서 앞쪽으로 바늘을 넣어 그대로 돗바늘을 빼낸다.

38

돗바늘을 빼낸 부분. 남은 실을 약 15㎝ 남기고 잘라준 뒤, 정리해준다.

뜨개 방식 변형

【격자무늬를 안뜨기로 떠보자】

완성 작품은 뜨개 방식을 알기 쉽도록 양쪽 면을 모두 메리야스뜨기로 만들었습니다. 뜨개 방식에 익숙해졌다면 테두리의 격자무늬를 안뜨기로 바꿔 만들어보세요. 도톰한 입체감이 생깁니다. 안뜨기로 바꿔 만들 때는 격자무늬 3단 중 2~3단을 안뜨기로 바꾸어 떠줍니다.

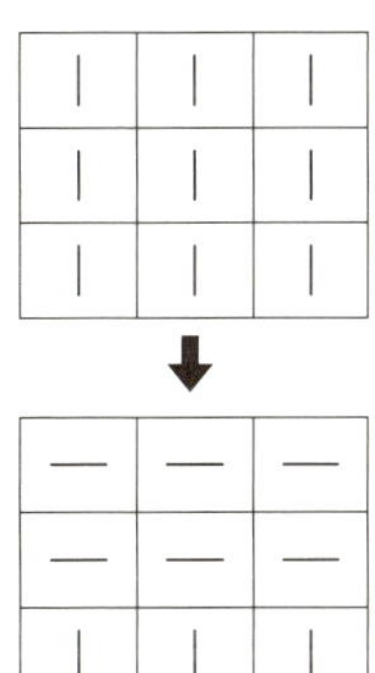

W

눈에 확 띄는 두 가지 색상의

바이컬러 블랭킷

인기가 높은 레드 워크 블랭킷입니다.
가장 많이 사용되는 눈꽃무늬와 꽃무늬를
번갈아 가며 떠주었습니다.
완성된 작품은 뜨개 바탕을 2장 겹친 두께가 되므로,
얇은 실로 떠주는 편이 부드럽게 완성됩니다.

Design 요코야마 카요미 / Yarn DARUMA 셰틀랜드 울

How to make ▶ p.86

1코 고무뜨기를 뜨는 요령으로 두 가지 색의 실을 사용해 떠나갑니다.
겉면의 무늬는 안면의 색이 반전된 형태가 됩니다.
무늬의 색을 바꿔줄 때, 실이 느슨해지기 쉬우므로 주의하며 뜹니다.

42쪽의 견본을 빨간색×흰색으로 떠준 작품입니다.
블루 워크나 모노톤으로 변형해보아도 좋습니다.
자그마한 냄비 받침으로도 제격이랍니다.

작품에 사용된 실

소재와 형태가 다른 실을 구분해 사용하여
뜨개 바탕에 특징을 더해줍시다.

※실물 크기 사진

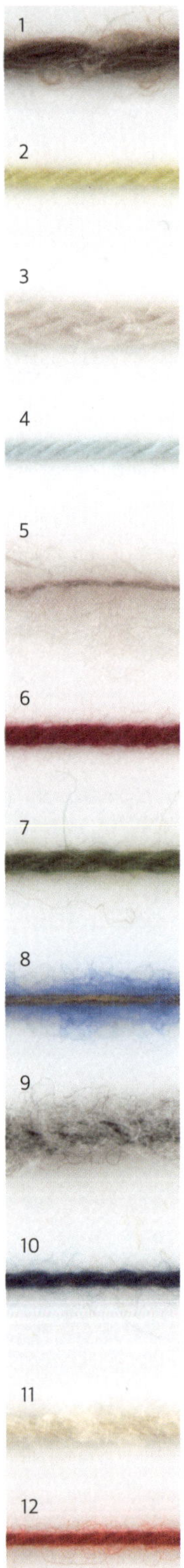

퍼피

1 알파카 몰리스
베이비 알파카 실에 루프 얀을 말아준 극태사
1볼 40g(약 58m), 총 6색
* 대체 실: 리코 알파카 드림 DK
1볼 25g(약 105m), 총 12색

2 셰틀랜드
영국 양모 100% 실로 바탕 무늬, 배색뜨기에 모두 적합
1볼 40g(약 90m), 총 35색
* 대체 실: 필립 멜로디아 5ply
1볼 40g(약 260m), 총 31색

3 알파카 콜카
베이비 알파카 100%의 릴리 얀 병태사
1볼 50g(약 90m), 총 3색
* 대체 실: 리코 알파카 드림
1볼 50g(약 120m)

4 프린세스 애니
메리노 방축 울 100%의 합태사
1볼 40g(약 112m), 총 35색
* 대체 실: 필립 카멜 헤어
1볼 25g(약 75m), 총 8색

5 유리카 모헤어
슈퍼키드 모헤어를 사용한 가볍고 부드러운 실
1볼 40g(약 102m), 총 12색
* 대체 실: 필립 키드 모헤어(2가닥 사용)
1볼 20g(약 196m), 총 31색

6 퀸 애니
풍부한 컬러 구성이 매력적인 스트레이트 실
1볼 50g(약 97m), 총 55색
* 대체 실: 필립 카멜 헤어

7 브리티시 에로이카
여러 색상이 미세하게 섞인 멜란지실
1볼 50g(약 83m), 총 35색
* 대체 실: 하마나카 엑시드 울 L
1볼 40g(약 80m), 총 25색

DARUMA

8 긱
실의 심과 주위 색상이 다른 독특한 릴리 얀
1볼 30g(약 70m), 총 5색
* 대체 실: 필립 슈퍼키드 모헤어
1볼 50g(약 95m), 총 12색

9 # 0.5 울
기모 실을 여러 가닥 합친 초극태 0.5번 실
1타래 80g(약 42m), 총 5색
* 대체 실: 연일 울비타
1볼 80g(42m)

10 메리노 스타일 병태
호주산 메리노울 100%로 인기가 높은 실
1볼 40g(약 88m), 총 18색
* 대체 실: 필립 멜로디아 5ply

11 보풀감 있는 실
루프 얀을 긁어 보풀을 만든 부드러운 실
1볼 30g(약 58m), 총 15색
* 대체 실: 리치모아 스타메
1볼 50g(약 100m)

12 셰틀랜드 울
광택감이 특징인 셰틀랜드 울 100%의 실
1볼 50g(약 136m), 총 11색
* 대체 실: 필립 카멜 헤어

하마나카

13 아메리
탄력성과 보온성이 뛰어난 실
볼 40g(약 110m), 총 50색
* 대체 실: 필립 팔레트 7ply
1볼 50g(약 100m)

14 맨즈 클럽 마스터
소품부터 스웨터까지 다양하게 사용 가능한 극태사
1볼 50g(약 75m), 총 29색

15 엑시드 울 L 병태
엑스트라 파인 메리노 사용
1볼 40g(약 80m), 총 40색

16 소노모노 루프
부드러운 루프가 특징인 팬시 얀
1볼 40g(약 38m), 총 3색

17 소노모노 알파카 릴리
멜란지 스타일로 만든 릴리 얀
1볼 40g(약 120m), 총 5색

18 오브코스! 빅
가볍고 부드러운 감촉이 매력적인 초극태사
1볼 50g(약 44m), 총 20색

19 소노모노 알파카 울 병태
범용성이 뛰어난 부드러운 스트레이트 실
1볼 40g(약 92m), 총 5색

20 아란 트위드
큼지막한 넵Nep이 귀여운 수수한 스타일의
트위드 실
1볼 40g(약 82m), 총 15색

21 두!
톱 염색의 초극태 로빙 얀
1타래 100g(약 48m), 총 12색

나이토쇼지

22 엘리자
이탈리아의 독특한 그라데이션이 아름다운 체인 얀
1볼 50g(약 125m), 총 10색
* 대체 실: 노로 큐레온
1볼 50g(약 100m), 총 29색

How to Make

뜨개 방식에는 개인차가 있습니다.
작품의 사이즈와 게이지를 참조하여 자신의 스타일에 맞추어 바늘 호수와 실의 양을 조절해보세요.
4~47쪽에서 소개한 작품별 무늬의 특징과 뜨개 방법을 설명한 ***Point Lesson***도 참조하며 떠보세요.

※ 도안에서 지정하지 않은 숫자의 단위는 ㎝입니다.
※ 기본 뜨개 방법은 88쪽의 '대바늘뜨기·코바늘뜨기의 기초'를 참조해주세요.
※ 사용된 실과 색상은 우리나라에서 판매되지 않거나,
판매가 되다가도 중단될 수 있습니다. 이 점 양해 바랍니다.
※ 원형뜨기 작품은 4개 양면 바늘, 5개 양면 바늘 혹은 줄바늘을 사용합니다.
또한 폭이 넓고 콧수가 많은 작품은 줄바늘을 사용하면 편리합니다.

A

물주머니 커버

P.6

재료와 도구

하마나카 아메리
회청색(37) … 45g
머스터드 옐로(3), 내추럴 브라운(23) … 각 20g
코랄 핑크(27) … 15g

대바늘 5호, 6호

게이지

사방 10㎝ 줄무늬뜨기 16.5코 38단

완성 크기

폭 22㎝, 깊이 25㎝(입구 제외)

뜨개 포인트

- 별도 사슬로 만드는 시작코를 72코 만들고, 도안을 참조하여 색을 바꿔가며 원형뜨기로 줄무늬를 96단 떠준다.
- 계속해서 입구의 2코 고무뜨기를 1번째 단에서 코줄임하며 뜬다. 마지막은 코막음으로 마무리한다.
- 바닥은 별도 사슬의 시작코를 풀어 겉면끼리 맞대어 빼뜨기로 이어준다.

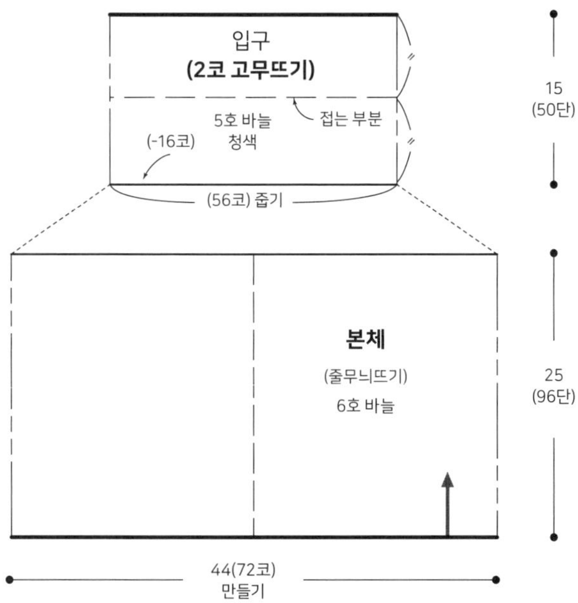

2코 고무뜨기 4코 1무늬

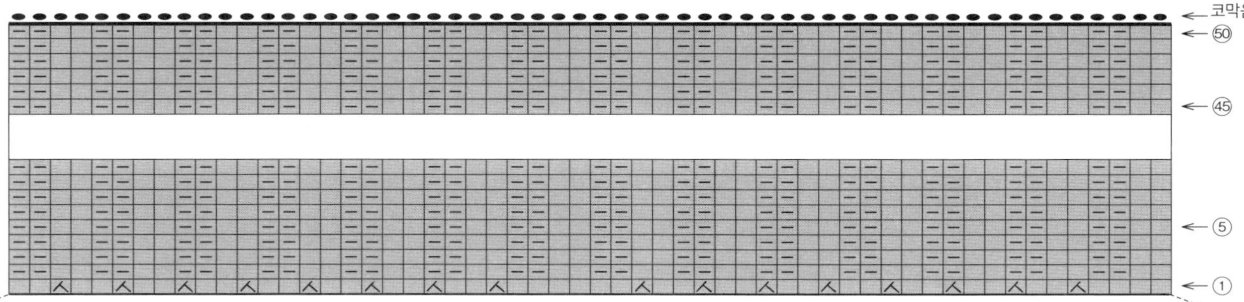

줄무늬뜨기 4코 24단 1무늬

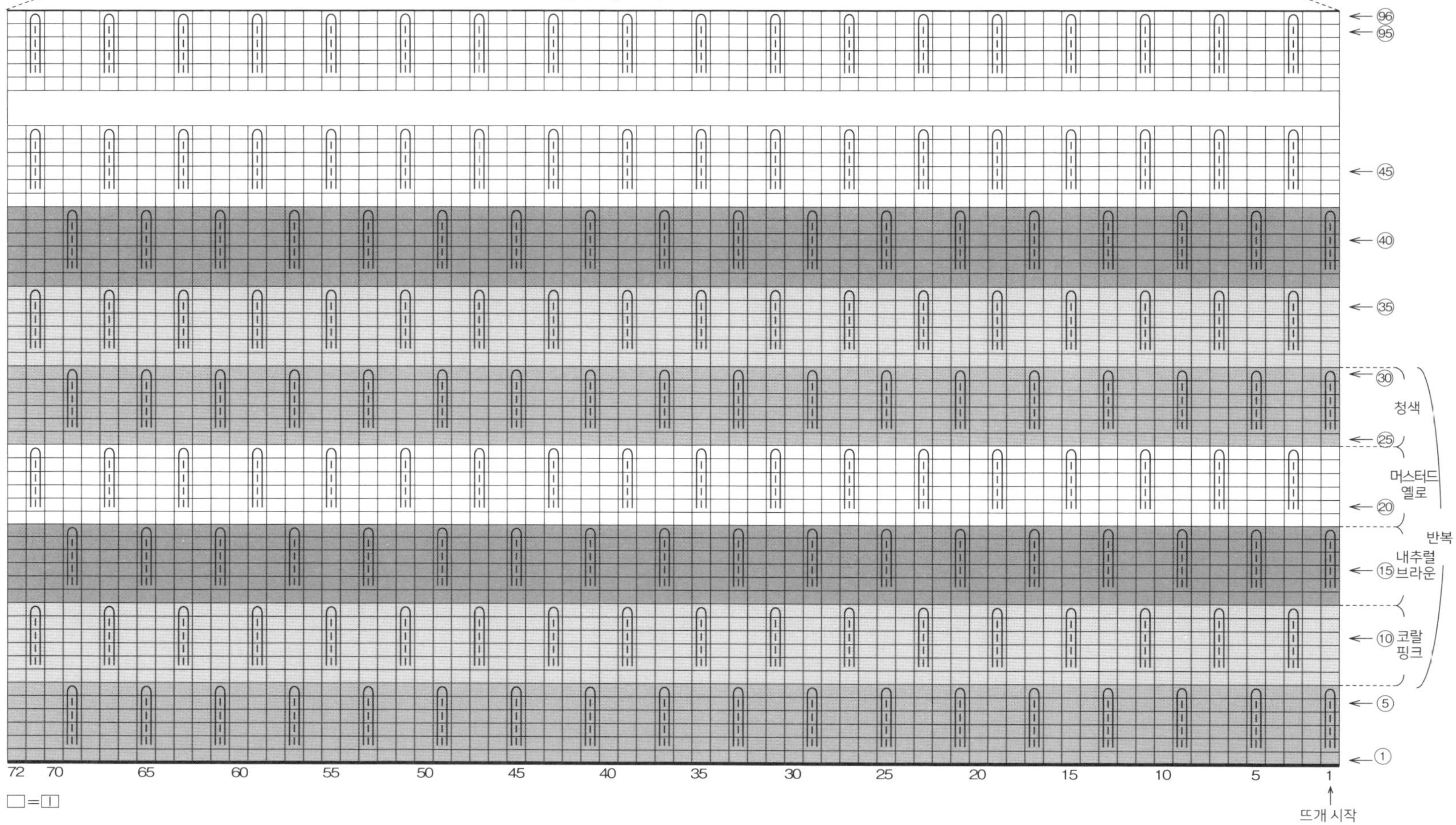

B

티 코지

P.7

재료와 도구

하마나카 아메리
내추럴 브라운(23) … 25g
차이나 블루(29), 회색(22) … 각 10g

대바늘 5호, 6호

게이지

사방 10㎝ 줄무늬뜨기 16.5코 38단

완성 크기

폭 17㎝, 깊이 15.5㎝

뜨개 포인트

- 손가락에 거는 시작코로 64코를 만들고, 원형뜨기로 1코 고무뜨기한다.
- 계속해서 1번째 단부터 코를 줄이며 줄무늬를 5단 뜬다.
- 코를 반으로 나누어 가장자리에서 1코 감아코로 늘리기하여 29코를 만든다. 각각 왕복뜨기하여 줄무늬를 33단 뜬다.
- 도안을 참조하여 2코 코줄임하며 모든 코를 주워 줄무늬를 원형뜨기한다. 마지막 2단에서 분산 코줄임하여 남은 14코에 실을 통과시켜 잡아당긴다.
- 폼폼을 만들어 달아준다.

본체

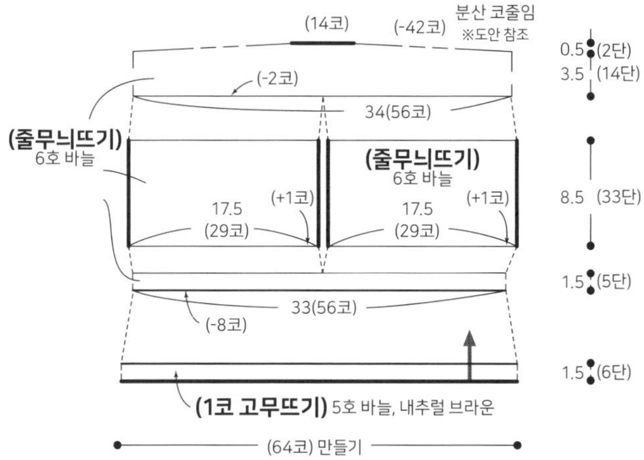

마무리 방법

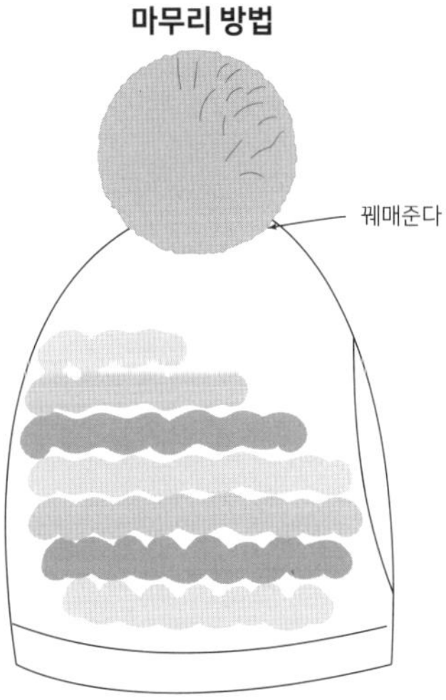

폼폼 만드는 방법

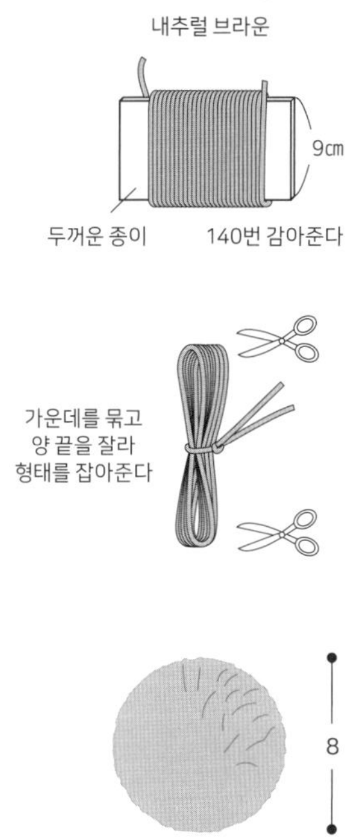

줄무늬뜨기 4코 24단 1무늬

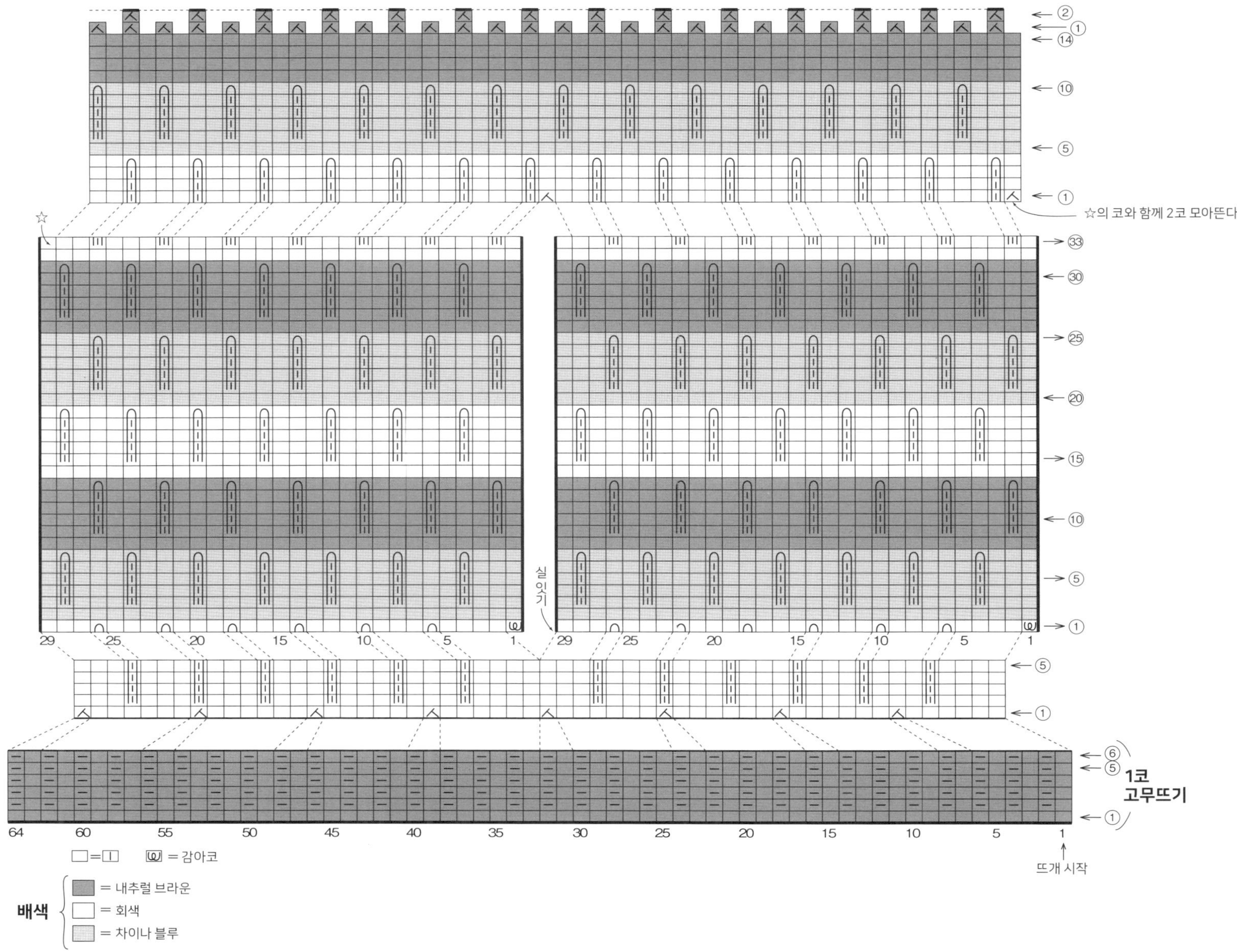

C

털모자

P.8

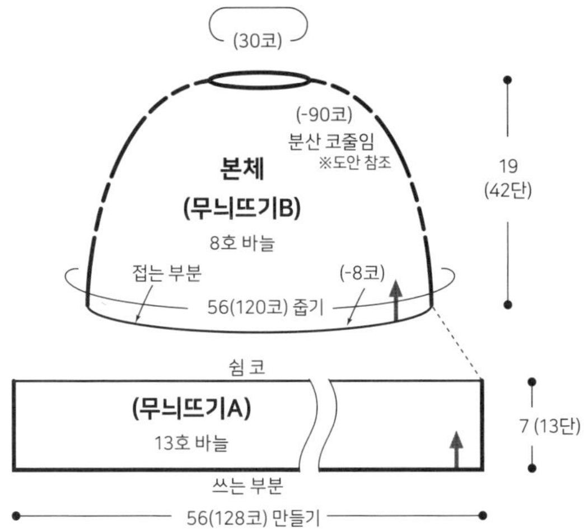

재료와 도구

하마나카 아란 트위드
핑크(5) … 85g

대바늘 13호, 8호

게이지

사방 10㎝ 무늬뜨기A 23코 18.5단
무늬뜨기B 21.5코 22단

완성 크기

머리둘레 56㎝, 깊이 19㎝

뜨개 포인트

- 머리에 쓰는 부분은 손가락에 거는 시작코로 128코를 만들고, 무늬뜨기A에서 13단 뜬다. 뜨개를 끝낸 부분은 쉼 코로 둔다. 양 끝을 감아서 꿰매 동그랗게 만들어준다.
- 본체는 머리에 쓰는 부분의 안을 보며 120코를 줍고, 도안을 참조하여 분산 코줄임하며 원형뜨기로 무늬뜨기B를 만든다.
- 남은 30코에 실을 통과시켜 잡아당긴다.

무늬뜨기와 분산 코줄임

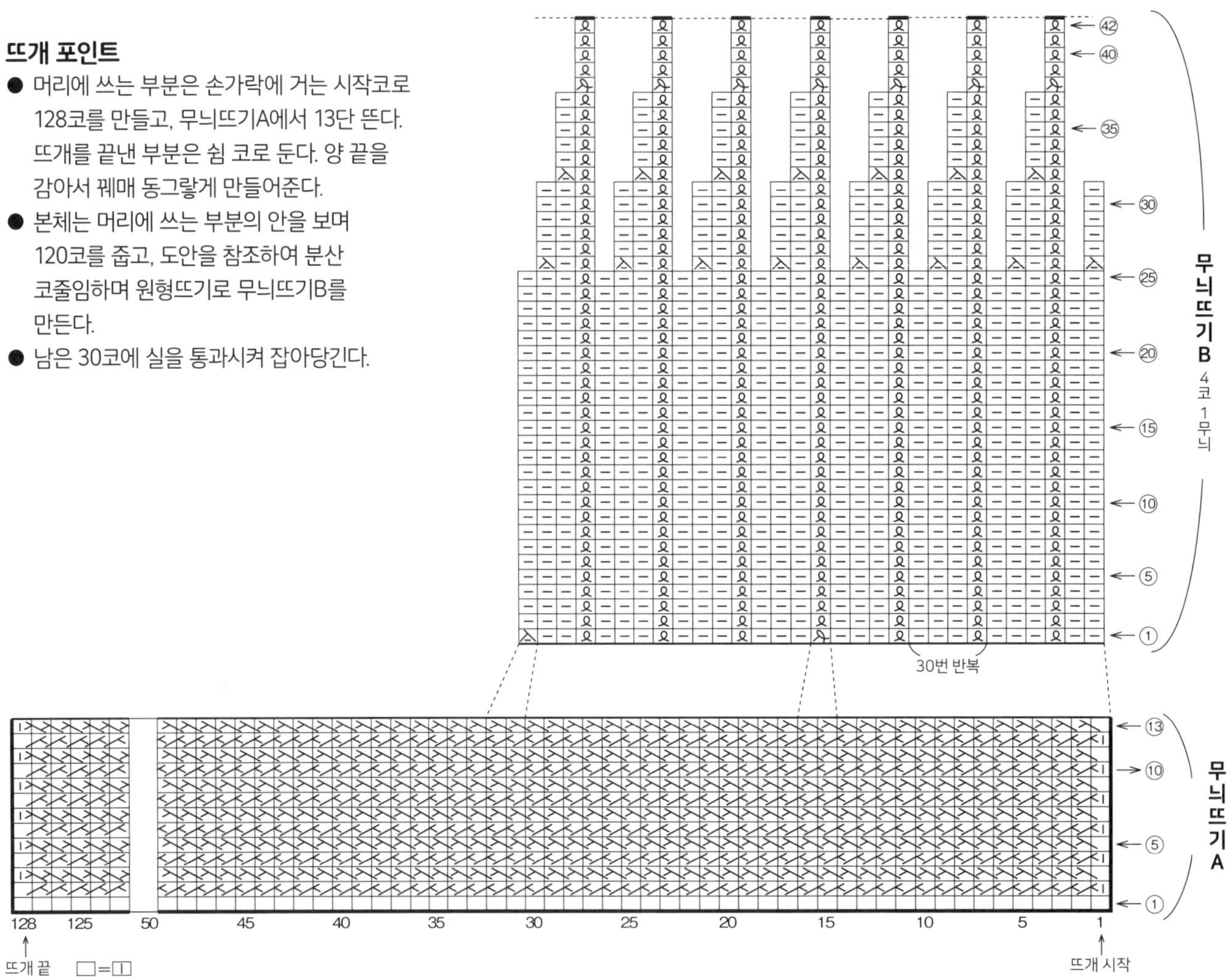

D

클러치 백

P.9

재료와 도구
하마나카 맨즈 클럽 마스터
남색(69) … 105g

대바늘 14호
코바늘 7/0호

게이지
사방 10㎝ 무늬뜨기 23코 17.5단

완성 크기
폭 25㎝, 깊이 17㎝

뜨개 포인트
- 손가락에 거는 시작코로 58코를 만들고, 무늬뜨기한다. 뜨개 마지막 부분은 2코 모아뜨며 코막음한다.
- 덮개에 단춧고리를 떠준다.
- 단추를 만들어 달아준다.
- 양 끝은 감침질로 연결한다.

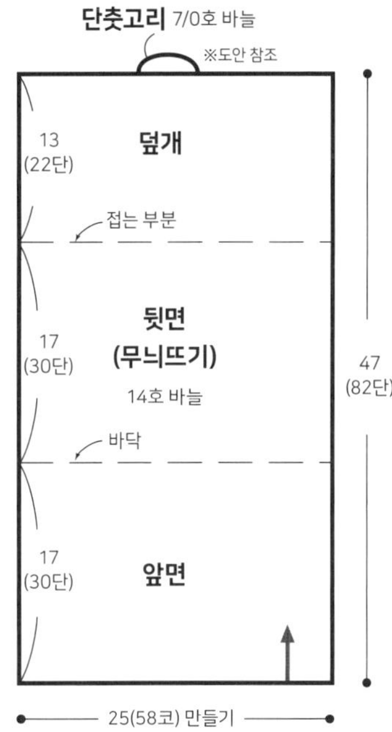

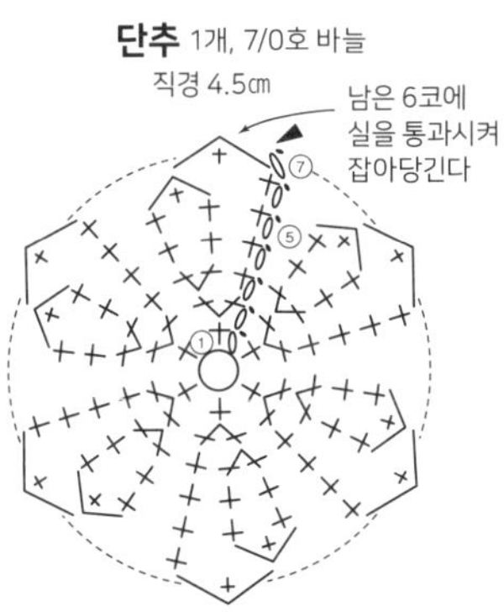

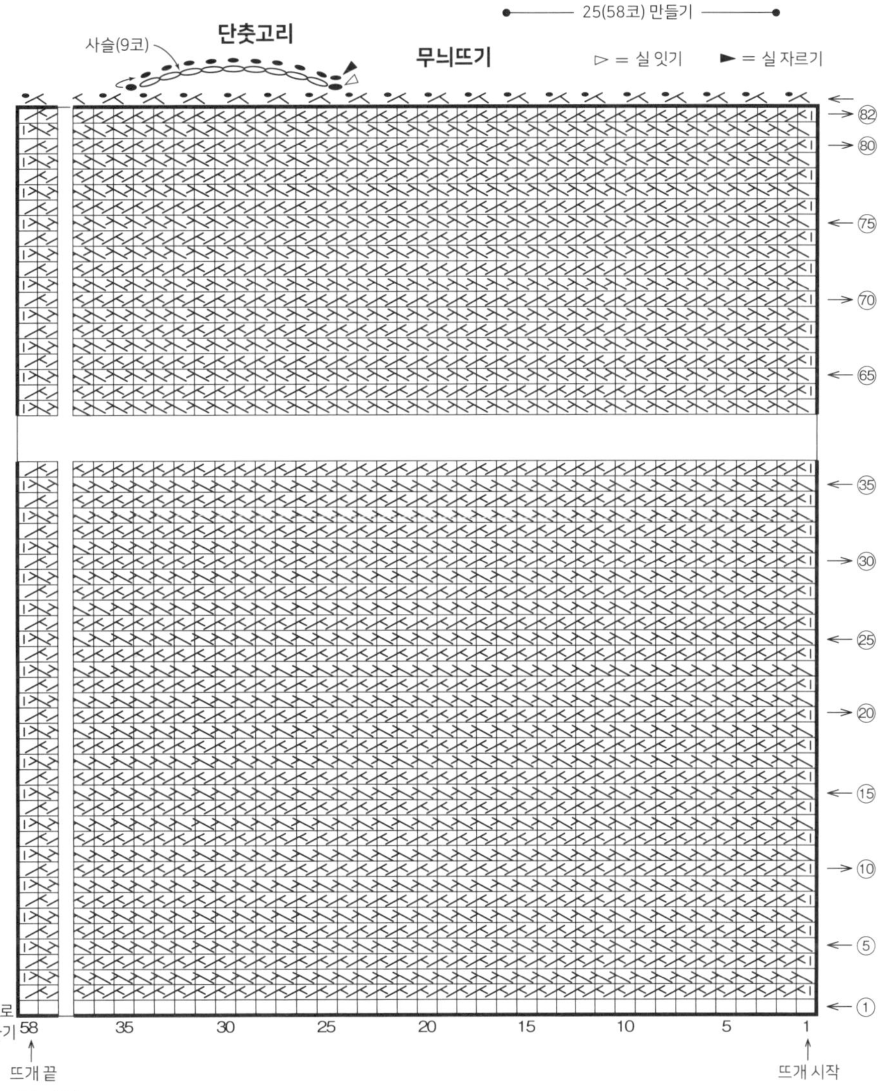

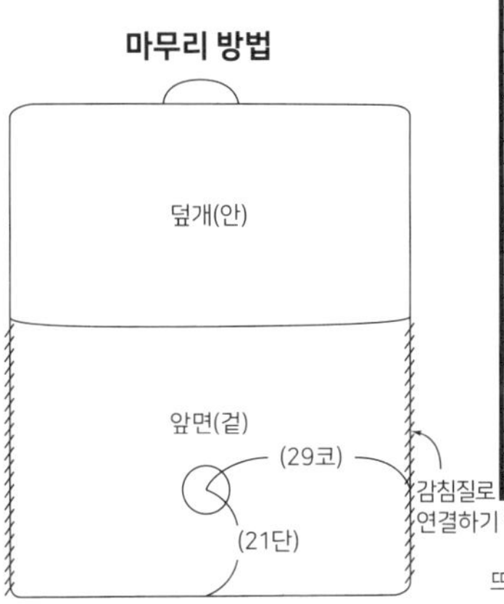

E

쇼트 넥워머

P.13

재료와 도구

퍼피 셰틀랜드
회보라색(34), 연회색(44) 각 … 35g
황록색(48) … 25g
보라색(23) … 10g

대바늘 6호

게이지

사방 10cm 줄무늬뜨기 18코 24.5단

완성 크기

목둘레 64cm, 길이 30cm

뜨개 포인트

- 손가락에 거는 시작코로 114코를 만들고, 도안을 참조하며 원형뜨기로 줄무늬를 74단 떠준다. 시작코의 1번째 단은 안을 보며 뜨는 단이므로 주의한다.
- 마지막은 안뜨기로 뜨면서 코막음해준다.

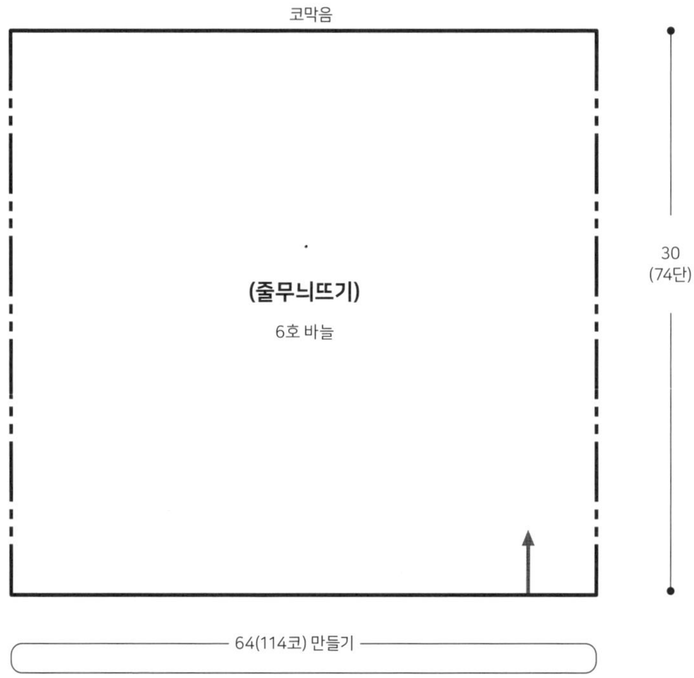

줄무늬뜨기

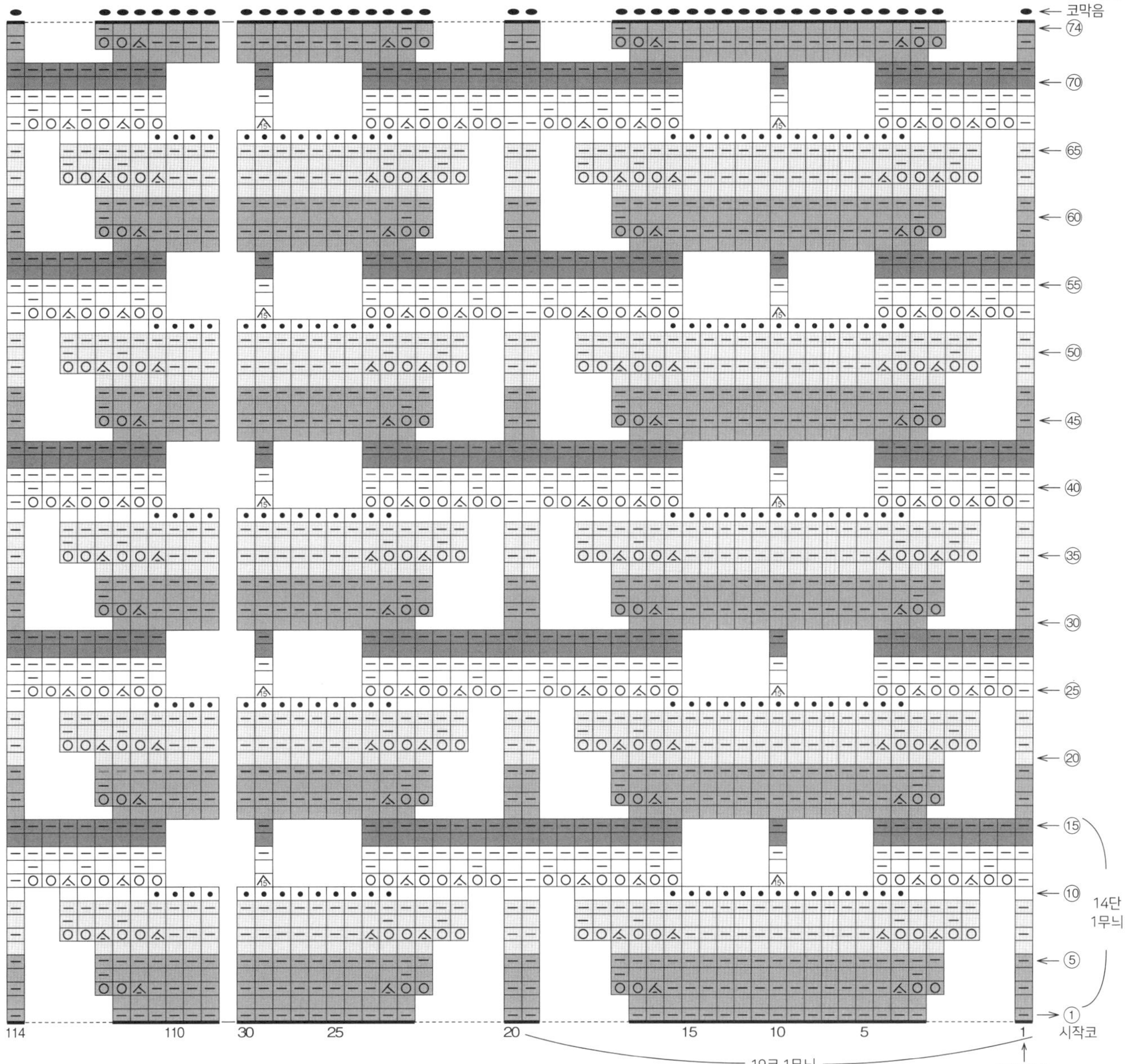

□=□ [15] = 앞 단의 걸기코를 빼내 늘린 14코와 그다음 1코를 더한 15코에 왼쪽부터 바늘을 넣어 한 번에 뜬다

● = ○○| = 겉뜨기, 걸기코, 걸기코로 뜬다
다음 단에서 걸기코를 바늘에서 빼내 긴 1코를 만든다

배색
- = 보라색
- = 연회색
- = 황록색
- = 회보라색

F

넥 케이프

P.13

재료와 도구

퍼피 브리티시 에로이카
초록색(197) … 40g

단추(직경 25㎜) 1개
대바늘 8호

게이지

사방 10㎝ 무늬뜨기 19코 23단

완성 크기

높이 7㎝, 칼라 길이 62㎝

뜨개 포인트

- 손가락에 거는 시작코로 118코를 만들고, 무늬뜨기를 16단 뜬다. 시작코의 1번째 단은 안을 보며 뜨는 단이므로 주의한다.
- 지정 위치에서 단춧구멍을 만들고, 안쪽에서 코막음을 하며 마무리한다.
- 단추를 달아 완성한다.

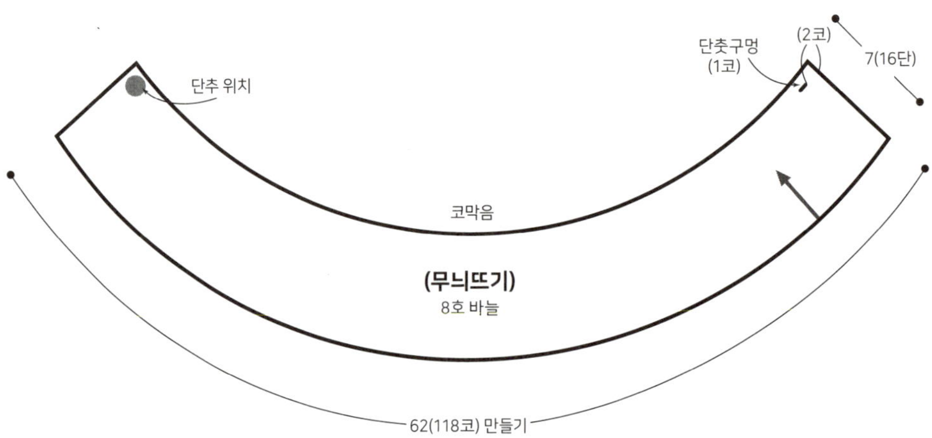

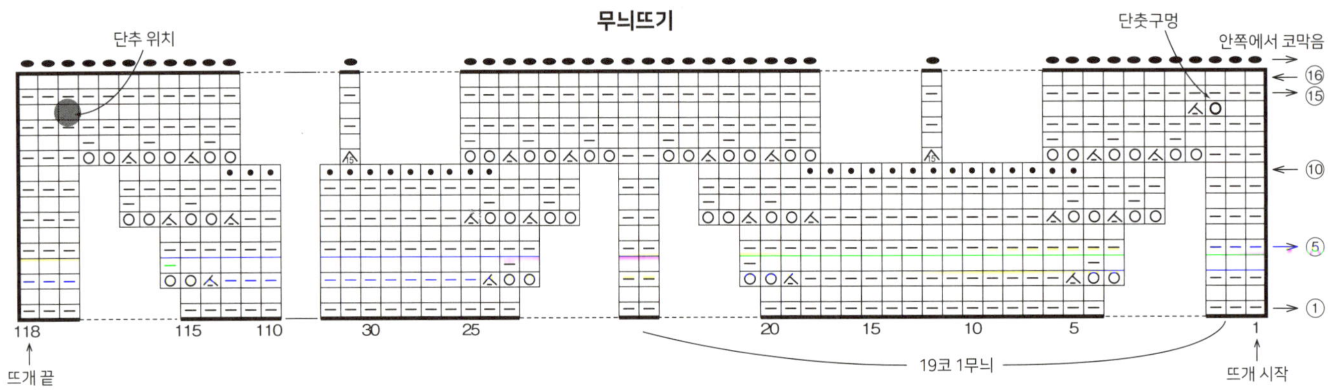

□=□
[기호] = 앞 단의 걸기코를 빼내 늘린 14코와 그다음 1코를 더한 15코에 왼쪽부터 바늘을 넣어 한 번에 뜬다
• = ○○| = 겉뜨기, 걸기코, 걸기코로 뜬다
다음 단에서 걸기코를 바늘에서 빼내 긴 1코를 만든다
[기호] = 왼코 겹쳐 2코 모아 안뜨기, 안을 보며 뜨는 단은 [기호] 겉뜨기로 왼코 겹쳐 2코 모아뜨기를 한다

H

롱 넥워머

P.15

재료와 도구

하마나카 두!
겨자색(10) … 180g

대바늘 20㎜
코바늘 15㎜

게이지

사방 10㎝ 무늬뜨기 7코 10단

완성 크기

목둘레 140㎝, 길이 17㎝

뜨개 포인트

- 손가락에 거는 시작코로 12코를 만들고, 무늬뜨기를 140단 뜬다.
- 뜨개 마지막에 코막음을 한다. 이때, 실을 자르지 않고 둔다.
- 겉면이 보이도록 뜨개 시작과 끝부분을 맞댄 후, 코막음한 사슬 뒤쪽에서 140번째 단의 코를 빼내 15㎜ 코바늘로 시작코의 1번째 단의 코와 빼뜨기하여 이어준다.

무늬뜨기

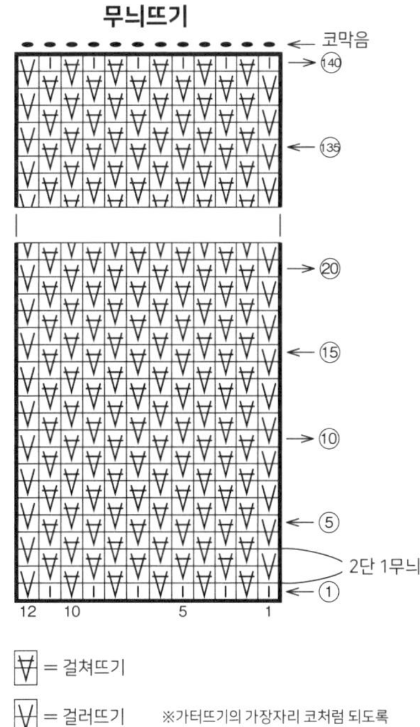

※가터뜨기의 가장자리 코처럼 되도록
짝수 단을 뜰 때는 실을 뒤쪽에 두고,
홀수 단을 뜰 때는 실을 앞쪽에 두고 걸러 뜬다.

G

원 핸들 백

P.14

재료와 도구

하마나카 오브코스! 빅
남색(119) ··· 120g
하마나카 소노모노 루프
아이보리(51) ··· 45g

가로 70㎝×세로 70㎝의 안감용 천
폭 4㎝×길이 28㎝의 손잡이용 가죽(얇은 것)
대바늘 15호
코바늘 10/0호

게이지

사방 10㎝ 무늬뜨기 14코 28단

완성 크기

폭 30㎝, 바닥 면 8㎝, 깊이 27㎝
(손잡이 길이 제외)

뜨개 포인트

- 본체는 손가락에 거는 시작코로 39코를 만들고, 줄무늬뜨기, 영국 고무뜨기, 1코 고무뜨기를 도안에 따라 뜬다. 바닥 가운데부터 시작해 10단을 뜨면 감아코로 코를 만들어 바닥을 만들어준다. 뜨개 끝부분은 쉬는 코로 둔다. 같은 뜨개 바탕을 2장 만든다.
- 옆 부분은 걸어 세로 잇기 한다.
- 본체의 지정 위치에 실을 넣어 코를 막아주고, 쉬는 코에 손잡이를 떠준다. 1코 고무뜨기와 영국 고무뜨기를 도안에 따라 뜨고, 마지막으로 코막음을 해준다. 반대쪽도 똑같이 떠준다.
- 바닥면과 손잡이 모두 빼뜨기로 이어준다.
- 안감을 만들어 몸체에 넣어준다.
- 손잡이 안쪽에 가죽을 덧대준다.

- 마무리 방법, 안감 만들기는 62쪽에서 확인

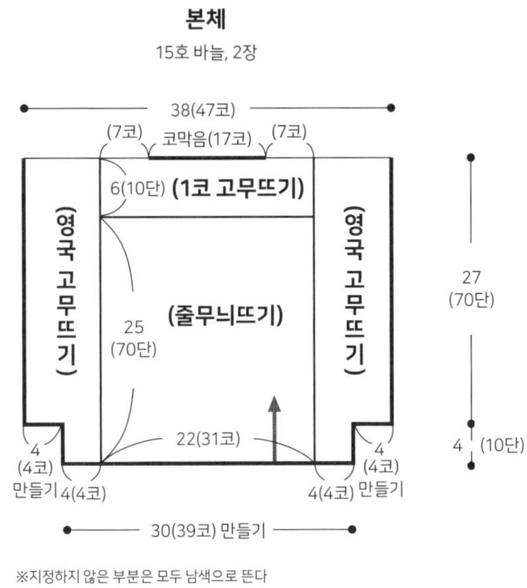

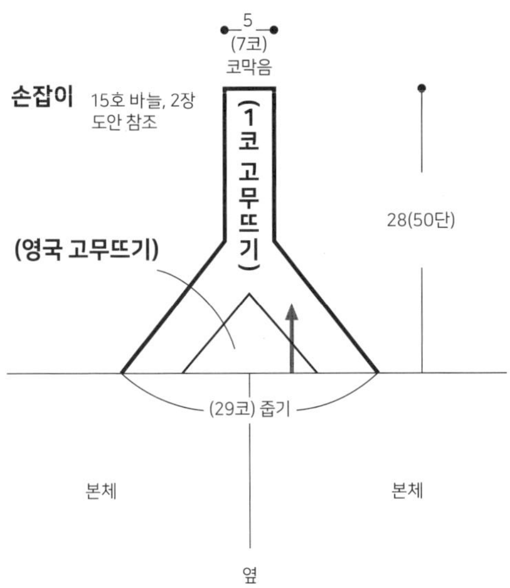

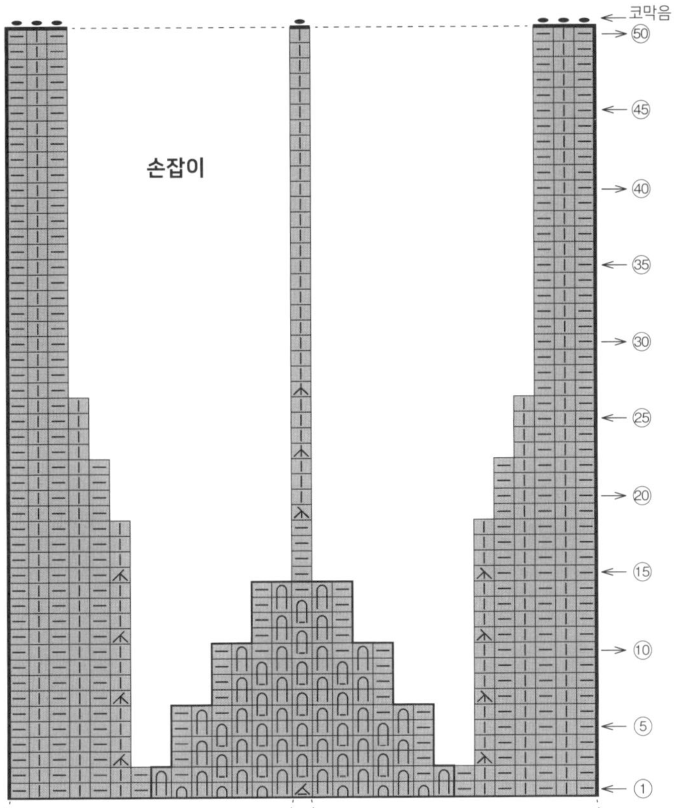

배색 { ▒ = 남색 / □ = 아이보리 }

∀ = 걸쳐뜨기

∀ = 걸러뜨기(안뜨기)

∩ = 끌어 올려뜨기

∩ = 끌어 올려뜨기(안뜨기)

@ = 감아코 늘리기

ㅅ = 오른코 겹쳐 3코 모아뜨기

ㅅ = 중심 3코 모아뜨기

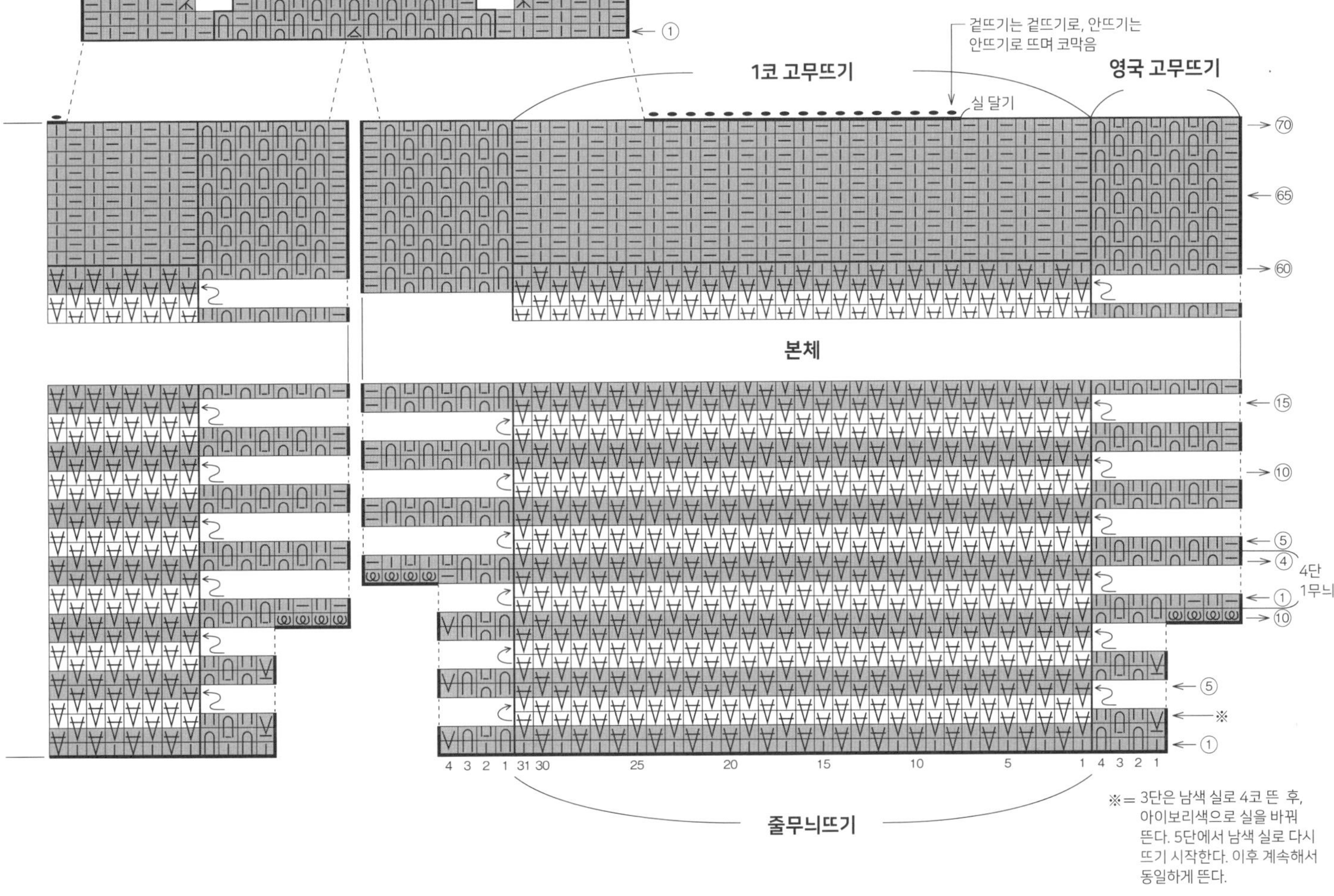

※= 3단은 남색 실로 4코 뜬 후, 아이보리색으로 실을 바꿔 뜬다. 5단에서 남색 실로 다시 뜨기 시작한다. 이후 계속해서 동일하게 뜬다.

● 61쪽에 이어 설명(작품 G)

마무리 방법

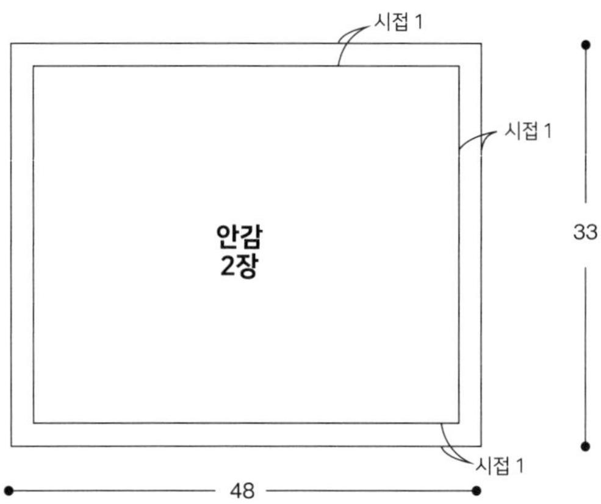

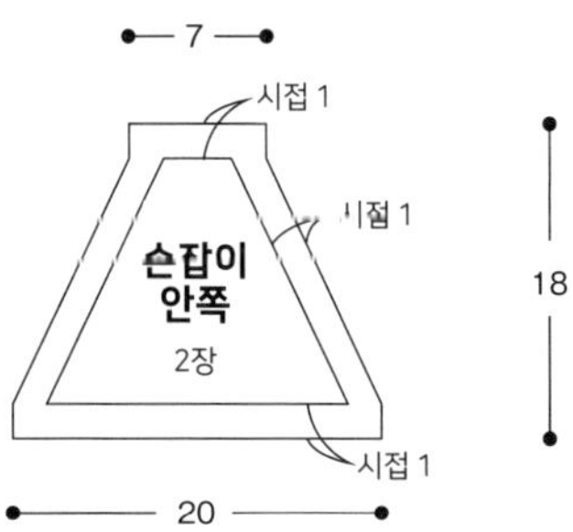

안감 마무리 방법

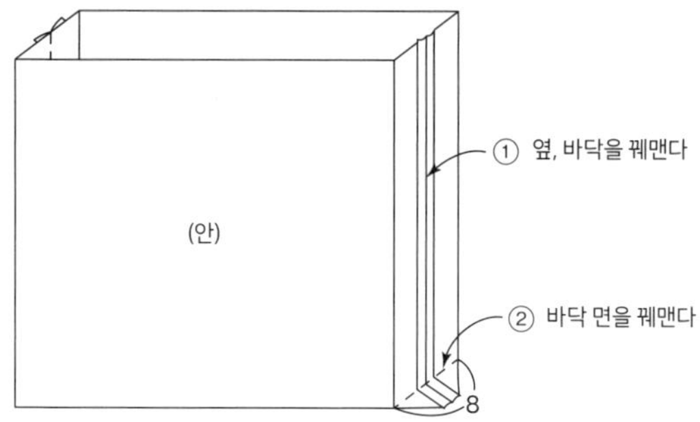

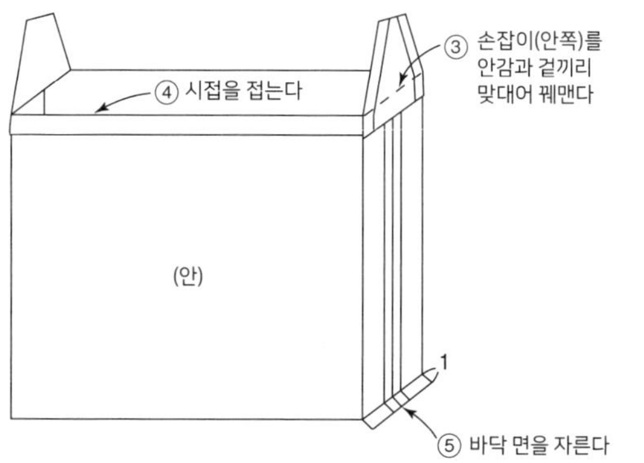

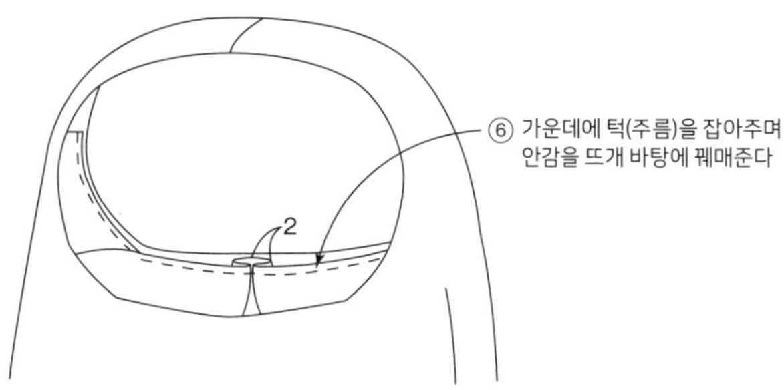

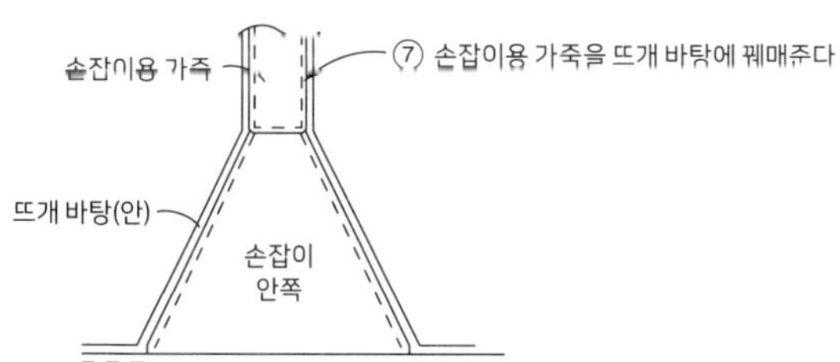

J

헤어밴드

P.19

재료와 도구

DARUMA 보풀감 있는 실
a=흰색(1) b=회색(10) … 각 30g

대바늘 12호, 10호

게이지

사방 10㎝ 무늬뜨기 23.5코 14단

완성 크기

머리둘레 44㎝, 폭 11㎝

뜨개 포인트

- 별도 사슬로 시작코를 26코 만들고, 무늬뜨기를 49단 뜬다. 무늬뜨기는 도안을 참조하여 안을 보며 뜨는 단에서는 안뜨기로 드라이브뜨기를, 겉을 보며 뜨는 단에서는 드라이브뜨기를 풀어 3코 교차시키는 방식으로 떠나간다.
- 계속해서 변형 고무뜨기를 뜨는데, 먼저 1단에서 6코를 줄인다. 뜨개 끝부분은 쉼 코로 둔다. 시작코의 사슬을 풀어 뜨개 끝부분과 메리야스 잇기로 원형을 만들어준다.

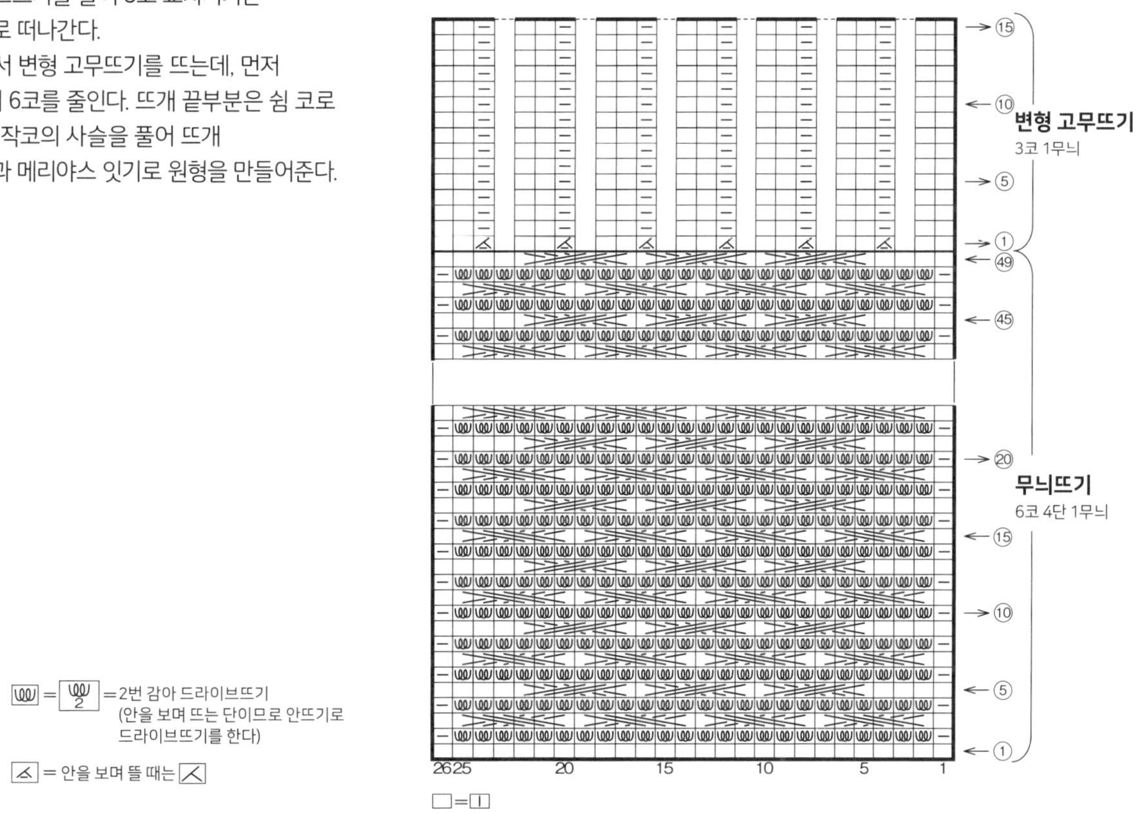

1

롱 머플러

P.18

재료와 도구

퍼피 유리카 모헤어
회보라색(311) … 160g

대바늘 10호, 12호

게이지

사방 10㎝ 무늬뜨기 22코 11.5단

완성 크기

폭 28㎝, 길이 154㎝

뜨개 포인트

- 손가락에 거는 시작코로 62코를 만들고, 2코 고무뜨기와 무늬뜨기를 떠준다. 무늬뜨기는 도안을 참조하여 안을 보며 뜨는 단에서는 안뜨기로 드라이브뜨기를, 겉을 보며 뜨는 단에서는 드라이브뜨기를 풀어 3코 교차시키는 방식으로 떠나간다.
- 뜨개 마지막 부분은 2코 고무뜨기로 4단을 뜬다. 뜨개 끝부분은 안을 보며 겉뜨기는 겉뜨기로, 안뜨기는 안뜨기로 코막음을 해준다.

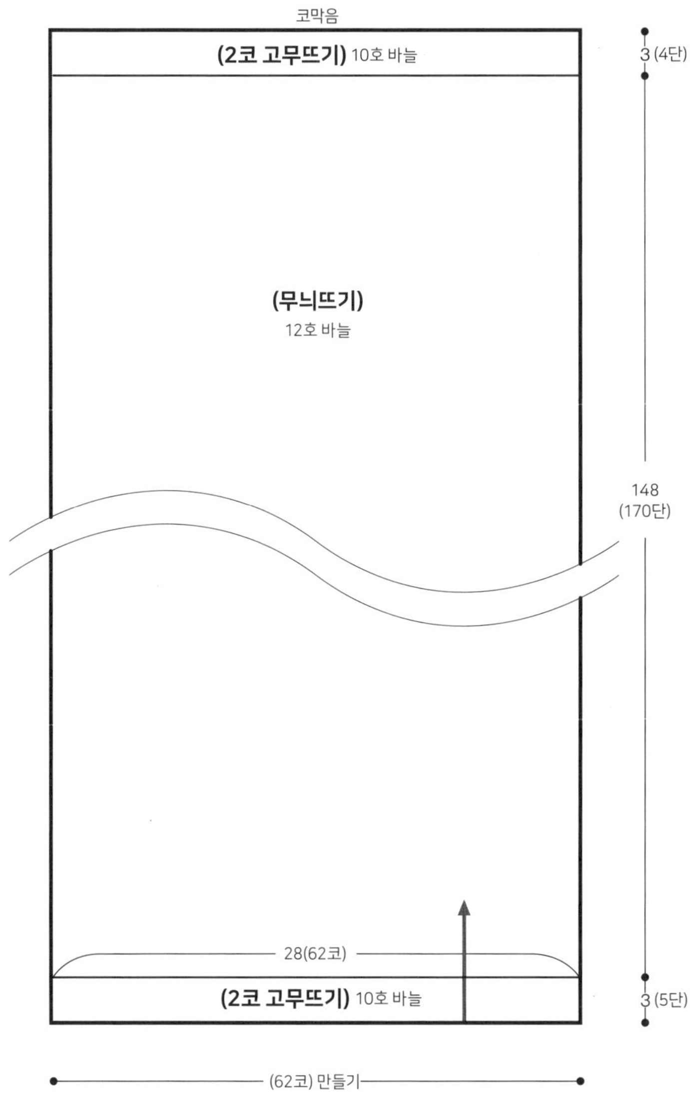

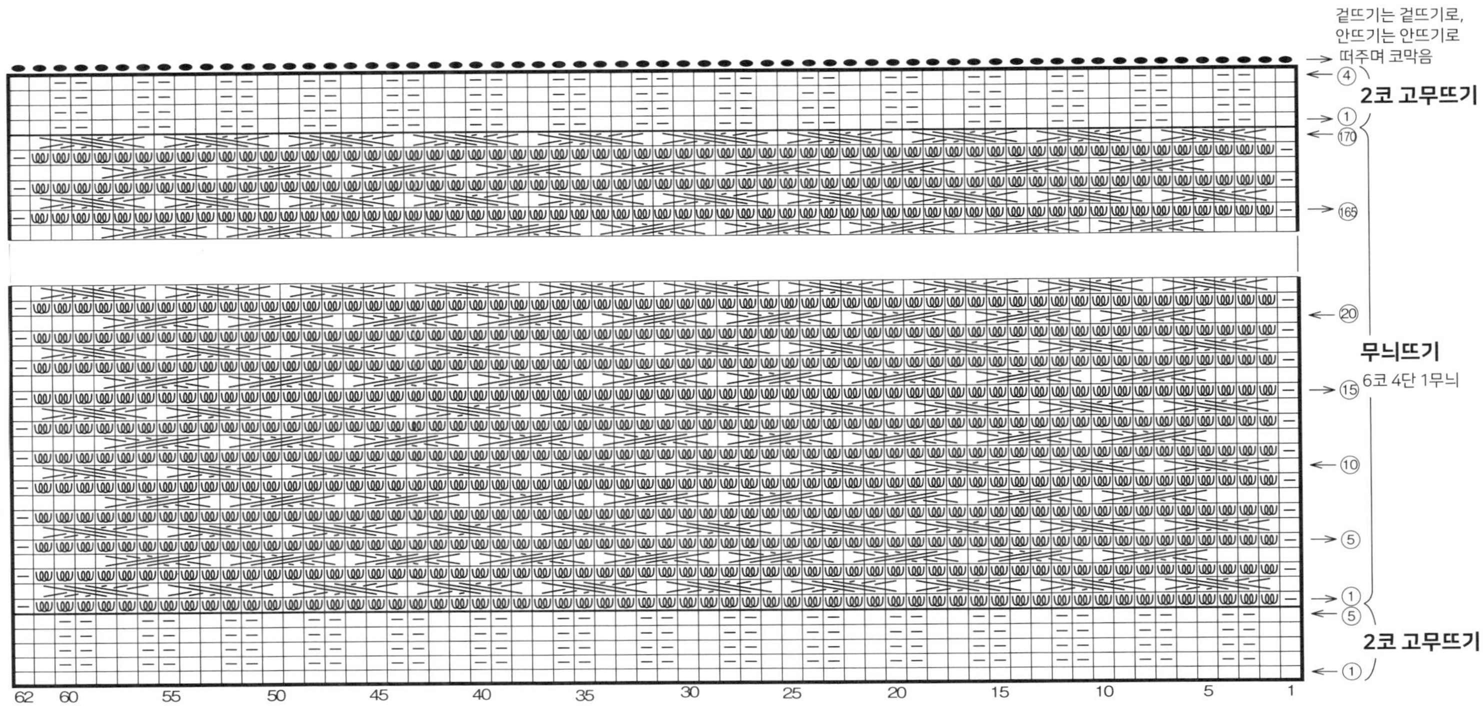

□=□
= 2번 감아 드라이브뜨기(안을 보며 뜨는 단이므로 안뜨기로 드라이브뜨기를 한다)

K

핸드백

P.20

재료와 도구

DARUMA # 0.5 울
회색(2) … 320g

56㎝×65㎝의 안감용 천
INAZUMA 등나무 손잡이 RM-6(# 4) 1세트
대바늘 10㎜, 7㎜

게이지

사방 10㎝ 무늬뜨기 14코 12단(7㎜)
안메리야스뜨기 7.5코 10단(10㎜)

완성 크기

폭 50㎝, 깊이 36.5㎝(손잡이 제외)

뜨개 포인트

- 손가락에 거는 시작코로 38코를 만들고, 무늬뜨기A, B를 뜬다.
- 10㎜ 바늘로 안메리야스뜨기를 한다.
- 7㎜ 바늘로 무늬뜨기B, A를 뜨고 뜨개 끝부분을 코막음한다.
- 옆 부분은 입구 끝부분까지 걸어 세로 잇기 한다.
- 접는 위치에서 안쪽으로 접어준 후, 손잡이를 넣어 감침질한다.
- 안감을 만들어 가방에 감침질한다.

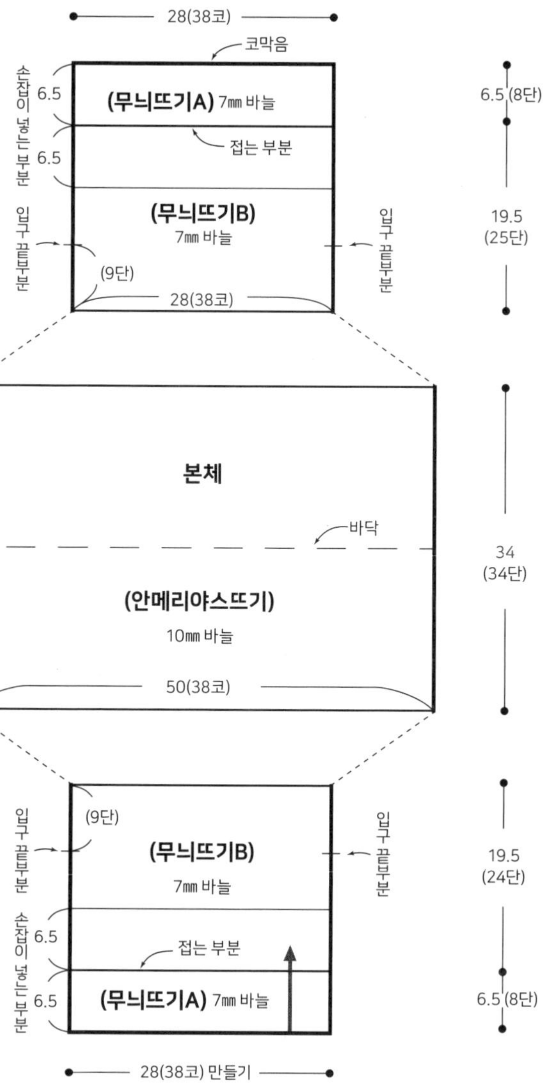

마무리 방법

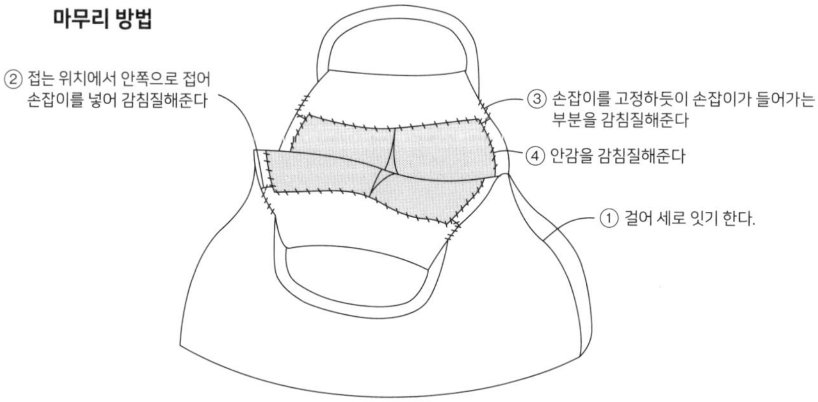

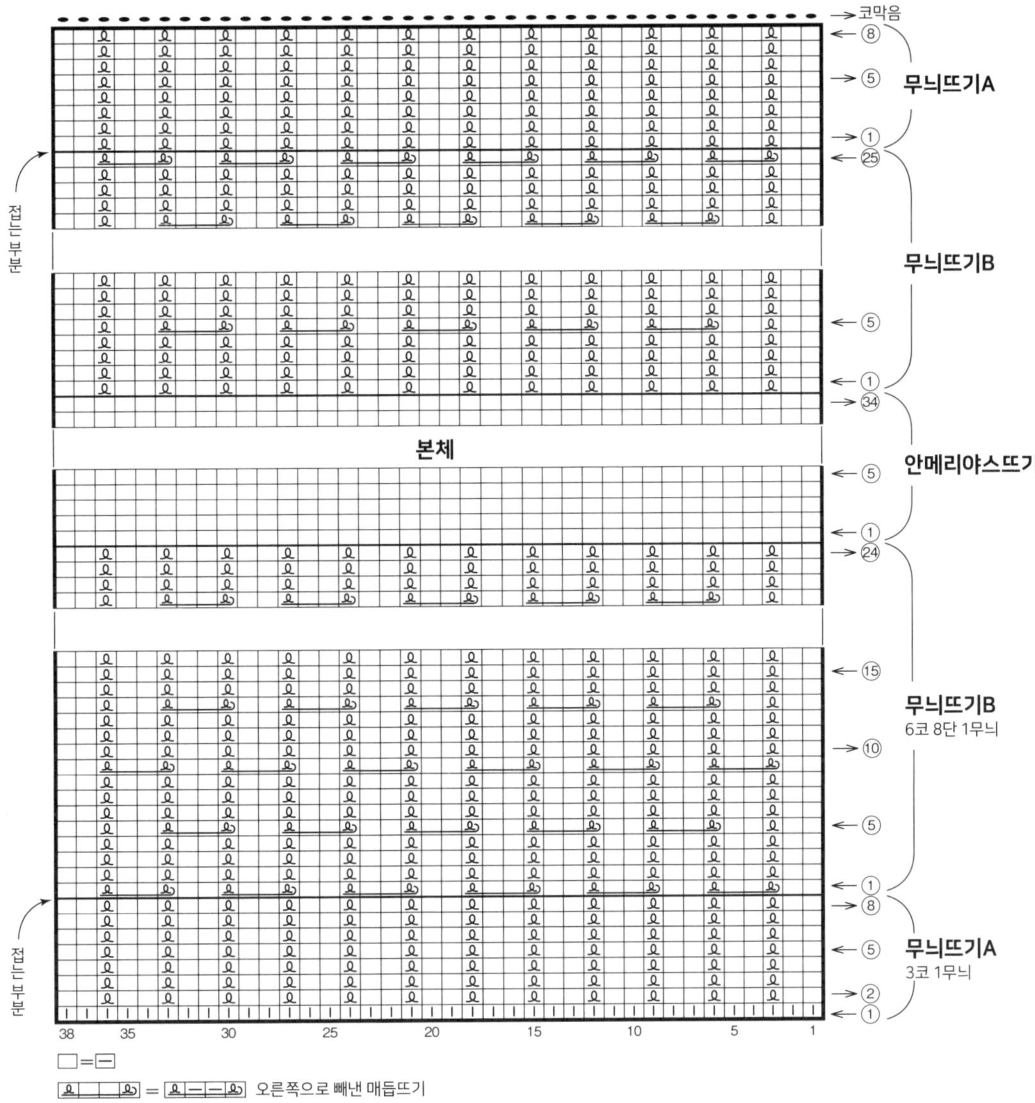
코막음
무늬뜨기A
무늬뜨기B
본체
안메리야스뜨기
무늬뜨기B
6코 8단 1무늬
무늬뜨기A
3코 1무늬
접는 부분
접는 부분
38
35
30
25
20
15
10
5
1
오른쪽으로 빼낸 매듭뜨기

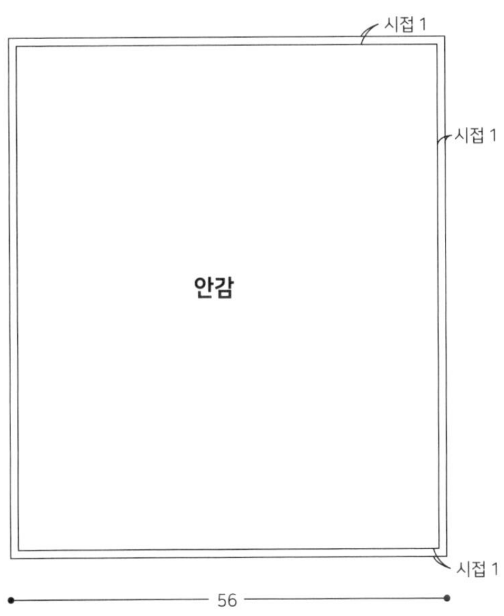
시접 1
시접 1
안감
65
시접 1
56

안감 마무리 방법

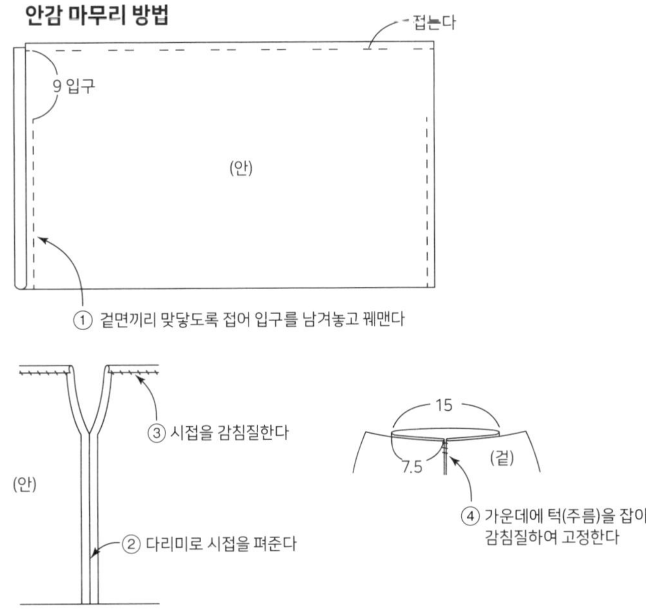
접는다
9 입구
(안)
① 겉면끼리 맞닿도록 접어 입구를 남겨놓고 꿰맨다
③ 시접을 감침질한다
(안)
② 다리미로 시접을 펴준다
15
7.5
(겉)
④ 가운데에 턱(주름)을 잡아
감침질하여 고정한다

L

스커트

P.21

재료와 도구

DARUMA 메리노 스타일 병태
파란색(14) 330g

대바늘 7호, 5호
코바늘 6/0호

게이지

사방 10cm 안메리야스뜨기 20코 28단(7호)
무늬뜨기 31코 28단(5호)

완성 크기

허리둘레 73cm, 스커트 길이 65.5cm

뜨개 포인트

- 손가락에 거는 시작코로 228코를 만들고, 가터뜨기, 안메리야스뜨기를 원형으로 뜬다.
- 바늘을 5호로 바꿔주고 무늬뜨기를 원형으로 뜬다. 48단에서 코를 줄이고 뜨개 끝부분을 코막음한다.
- 끈을 만들어 허리 부분 무늬뜨기 코에 통과시킨다.

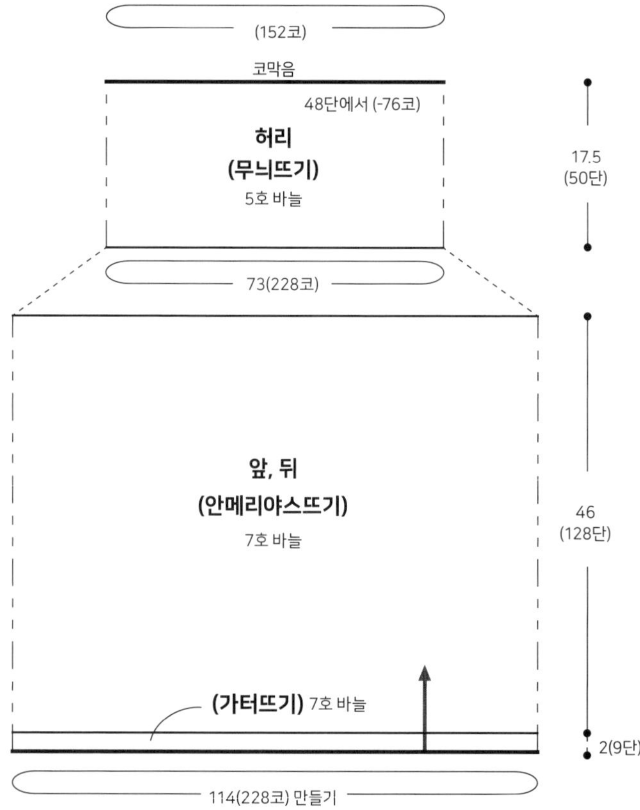

가터뜨기

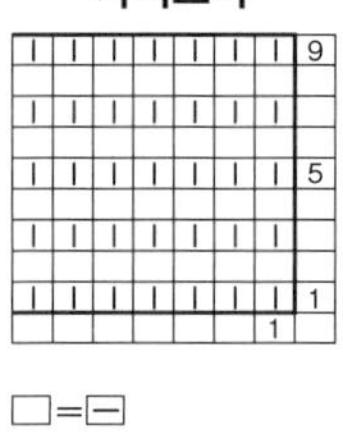

끈

(이중 사슬뜨기) 6/0호 바늘

끈 넣는 방법

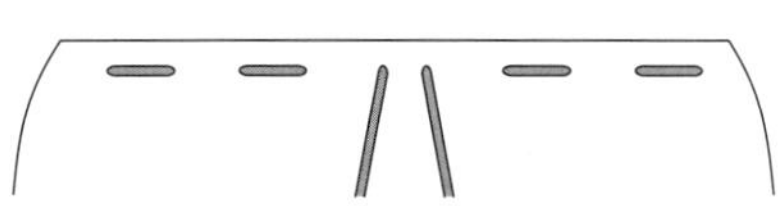

끈은 무늬뜨기 47단에 넣어준다

무늬뜨기

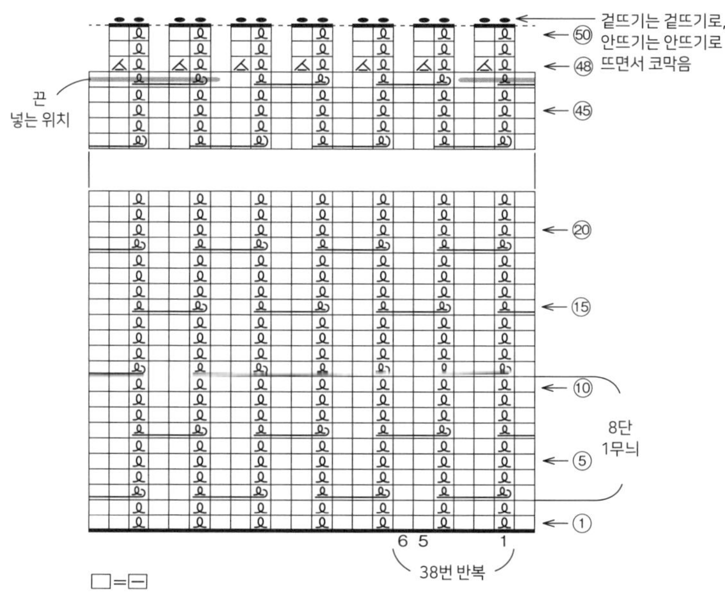

M

핸드 워머

P.24

재료와 도구

하마나카 소노모노 알파카 릴리
베이지(112) … 40g

대바늘 8호, 6호

게이지

사방 10㎝ 무늬뜨기 18코 31.5단,
메리야스뜨기 22코 31.5단

완성 크기

손바닥 둘레 20㎝, 길이 17㎝

뜨개 포인트

- 손가락에 거는 시작코로 40코를 만들고, 2코 고무뜨기를 원형뜨기로 20단 떠준다.
- 계속해서 무늬뜨기와 메리야스뜨기를 도안과 같이 배치하며 27단을 뜬다. 28단의 지정된 위치에 코를 막아 엄지손가락용 구멍을 만든다. 다음 단에서 감아코늘리기를 하며 계속 떠나간다. 2코 고무뜨기를 4단 뜬 후, 겉뜨기는 겉뜨기로, 안뜨기는 안뜨기로 뜨면서 코막음을 한다.
- 뜨개 시작 부분의 2코 고무뜨기를 안쪽으로 접어 감침질한다.

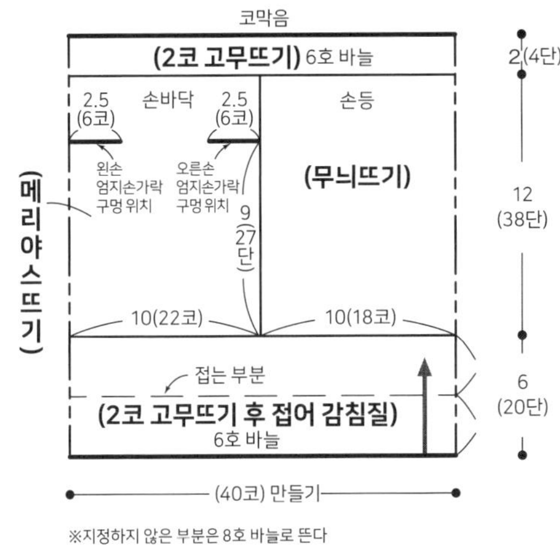

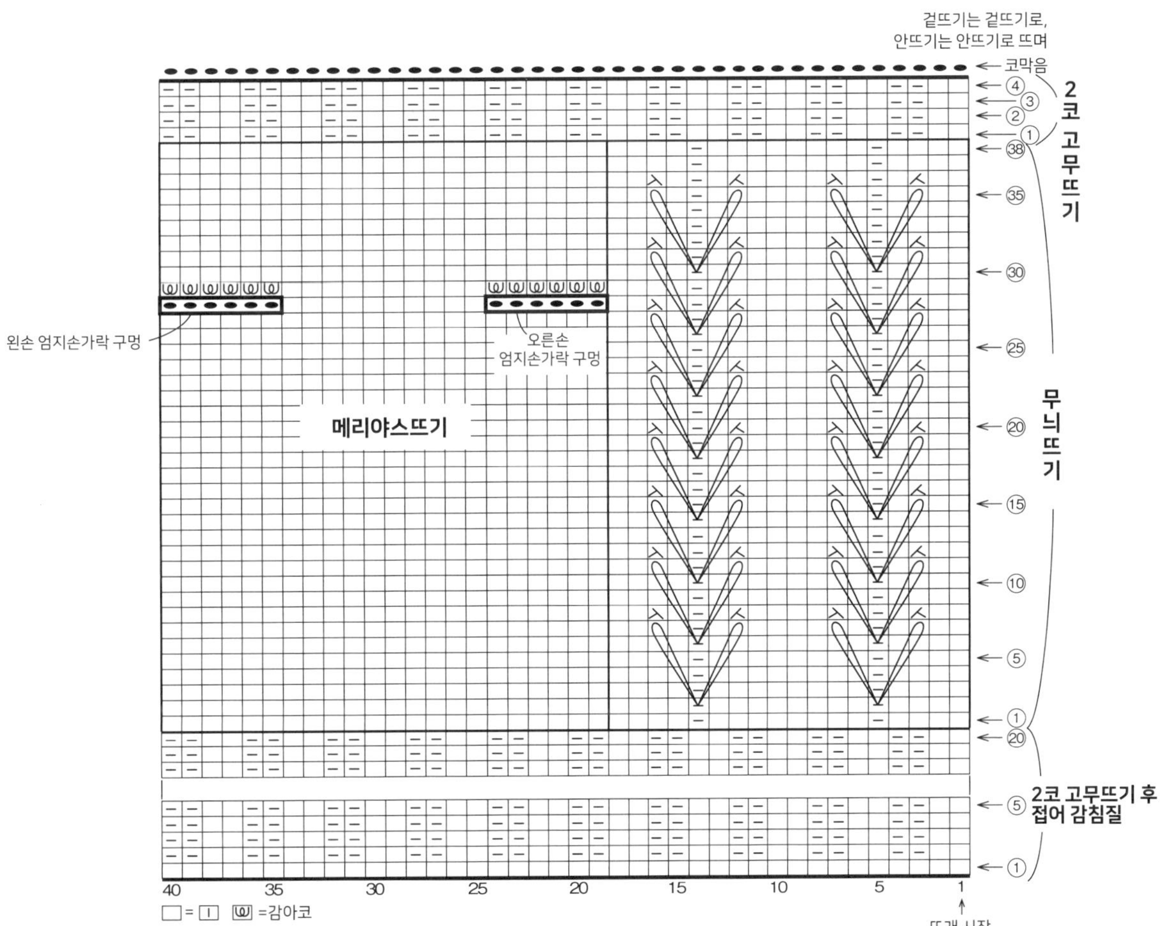

N

털모자

P.25

재료와 도구

DARUMA 긱
블루×크롬 옐로(2) … 65g

대바늘 12호, 10호

게이지

사방 10㎝ 무늬뜨기 13.5코 23.5단

완성 크기

머리둘레 47㎝, 깊이 19㎝

뜨개 포인트

- 손가락에 거는 시작코로 64코를 만들고, 2코 고무뜨기를 원형뜨기로 24단 뜬다.
- 뜨개 바탕을 뒤집어 2코 고무뜨기의 안을 보며 1단부터 1코 코줄임하여 무늬뜨기를 뜬다. 37단부터 분산 코줄임하며 남은 14코에 실을 넣어 잡아당긴다.
- 폼폼을 만들어 꿰매준다.

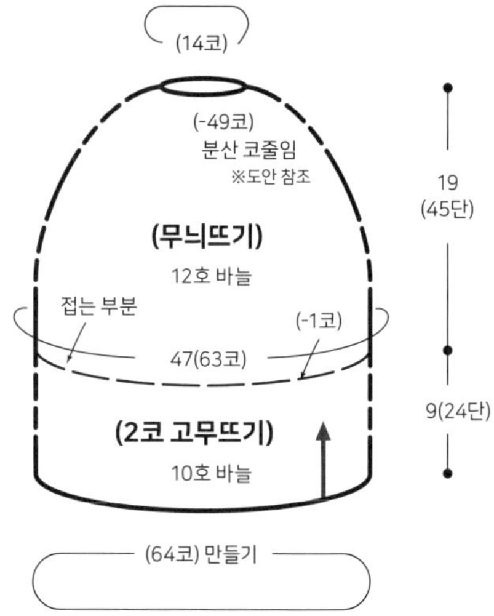

2코 고무뜨기

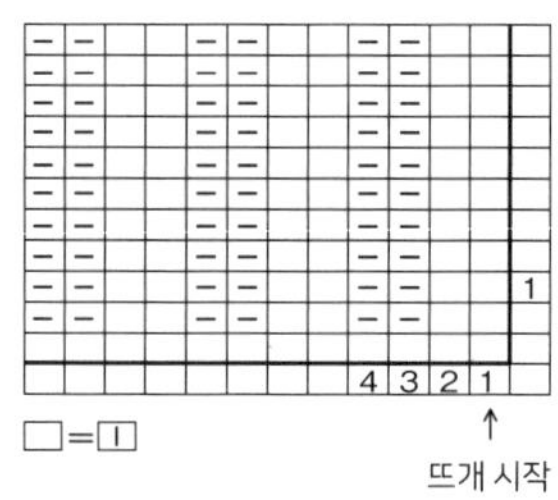

마무리 방법

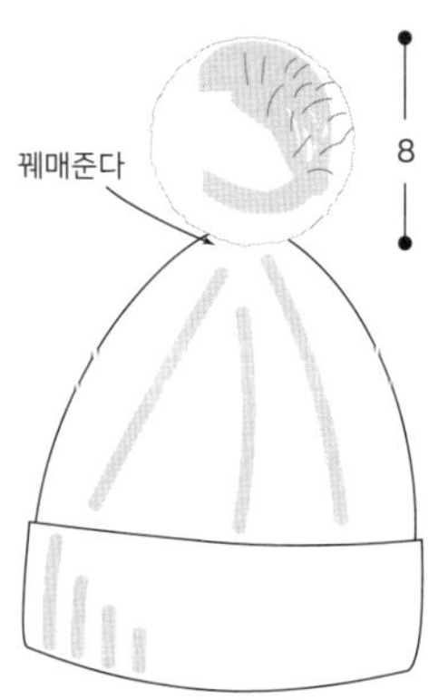

폼폼 만드는 방법

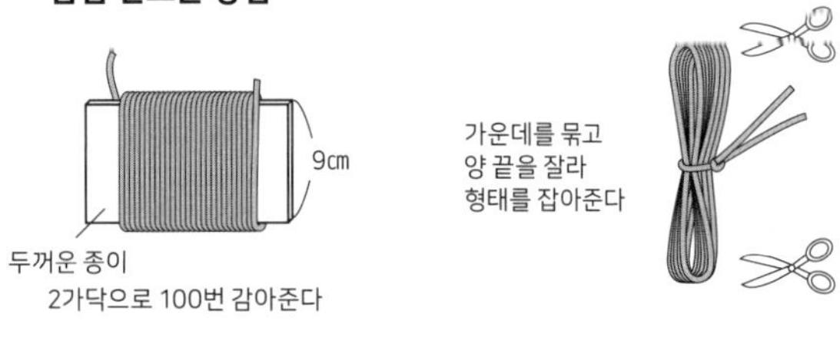

무늬뜨기와 분산 코줄임

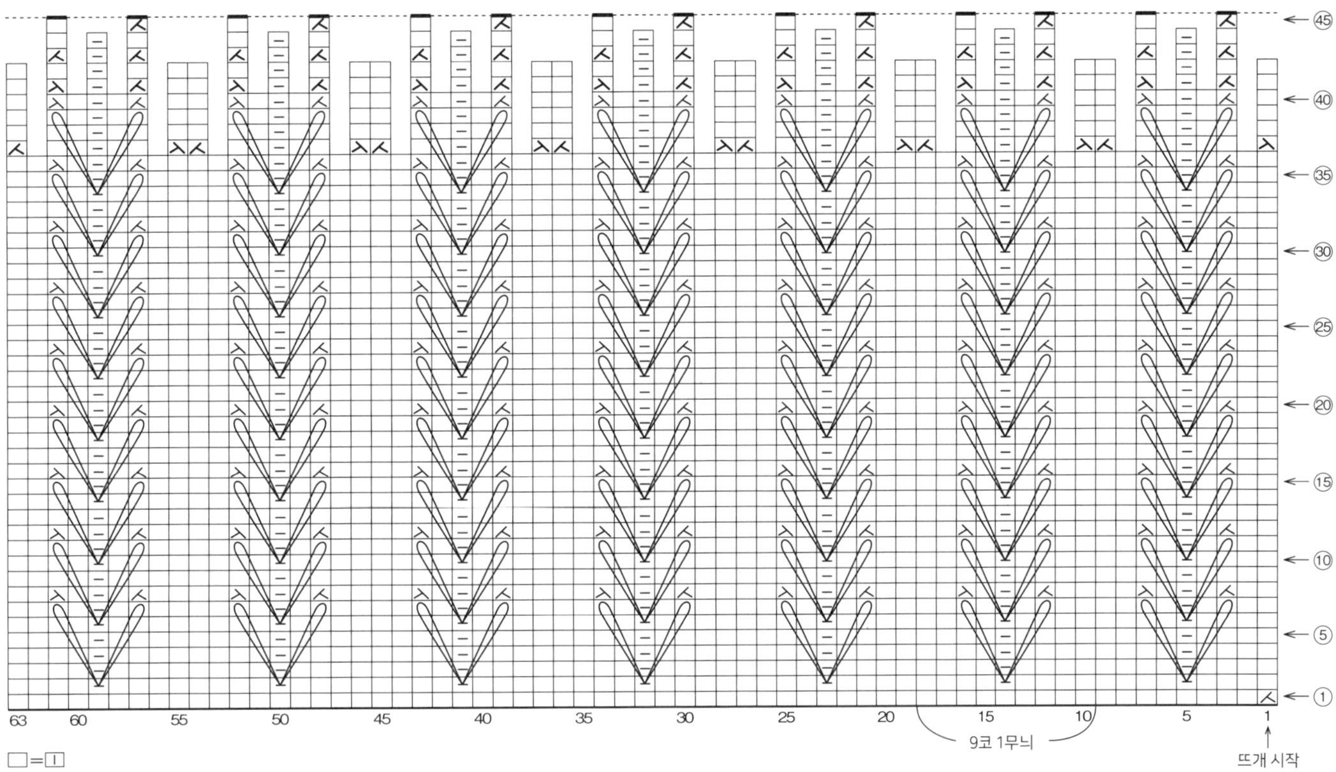

45
40
35
30
25
20
15
10
5
1
63 60 55 50 45 40 35 30 25 20 15 10 5 1
9코 1무늬
뜨개 시작
□=Ⅰ

O

와이드 넥워머

P.26

재료와 도구

퍼피 알파카 콜카
연회색(9294) … 95g

대바늘 12호
코바늘 9/0호

게이지

사방 10㎝ 무늬뜨기 17코 17단

완성 크기

목둘레 64㎝, 폭 28㎝

뜨개 포인트

- 별도 사슬을 이용한 시작코로 48코를 만들고, 무늬뜨기를 증감 없이 109단 뜬다.
- 별도 사슬을 풀어 겉면끼리 맞댄 후, 9/0호 바늘로 빼뜨기로 가로 잇기를 한다.

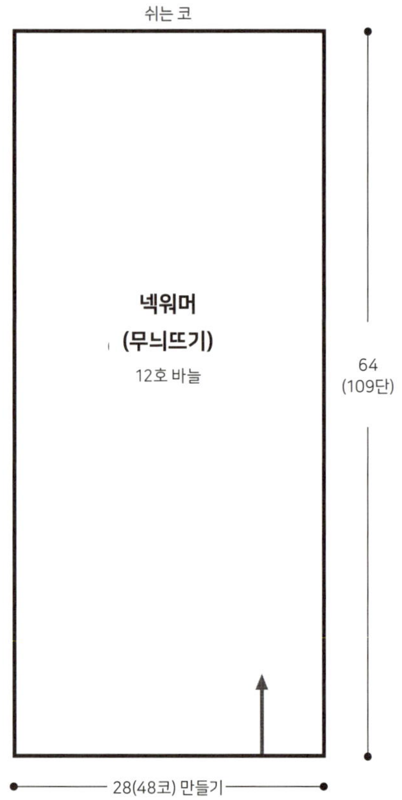

무늬뜨기

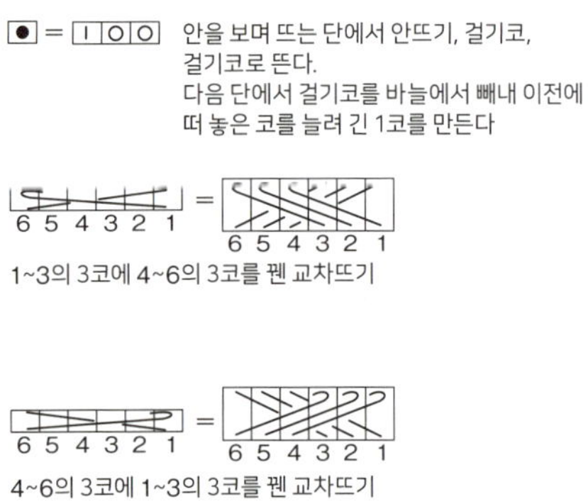

S

헤어 터번

P.36

재료와 도구

하마나카 아란 트위드
핑크×그레이(17) … 20g
핑크(5) … 10g

대바늘 8호

게이지

사방 10㎝ 줄무늬뜨기 23코 18단

완성 크기

머리둘레 50㎝, 길이 9.5㎝

뜨개 포인트

- 손가락에 거는 시작코로 115코를 만들고, 가터뜨기를 뜬다.
- 줄무늬를 뜨고, 마지막 2단은 가터뜨기한다. 뜨개 끝부분은 안뜨기를 뜨면서 코막음한다.
- 뜨개 바탕의 양쪽을 맞대고 감침질하여 원통 모양을 만든다.

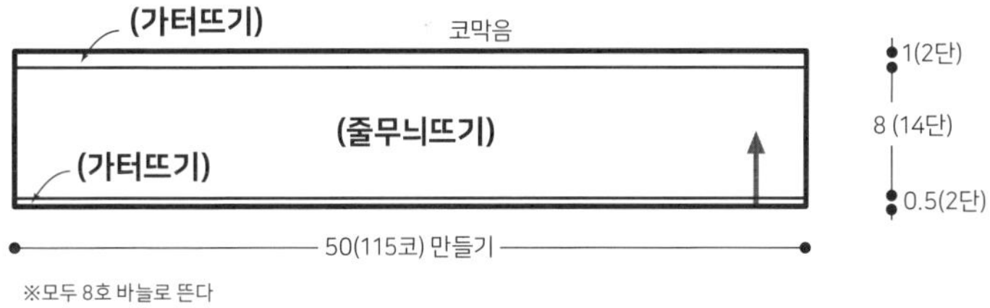

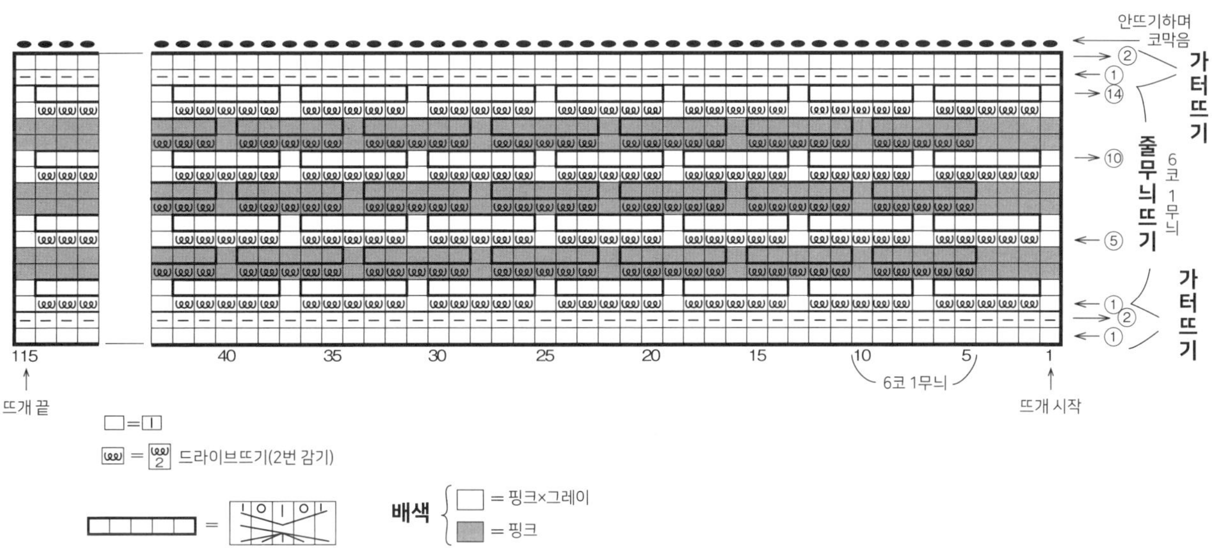

P

블랭킷

P.27

재료와 도구

퍼피 알파카 몰리스
연갈색(904) 300g

대바늘 10호

게이지

사방 10㎝ 무늬뜨기 15코 17단

완성 크기

폭 53㎝, 길이 104㎝

뜨개 포인트

- 손가락에 거는 시작코로 148코를 만들고, 2코 고무뜨기를 10단 뜬다.
- 계속해서 2코를 줄이며 무늬뜨기를 74단 뜬다.
- 계속해서 2코를 늘리며 2코 고무뜨기하고, 뜨개 끝부분은 코막음한다.
- 단 부분에서 코를 주워 2코 고무뜨기를 10단 뜨고, 뜨개 끝부분을 코막음한다.

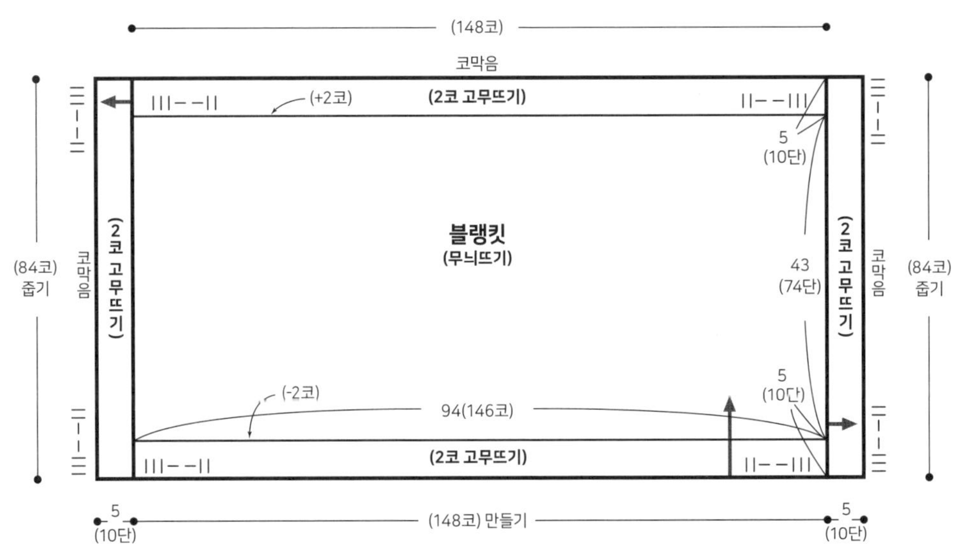

※모두 10호 바늘로 뜬다

2코 고무뜨기

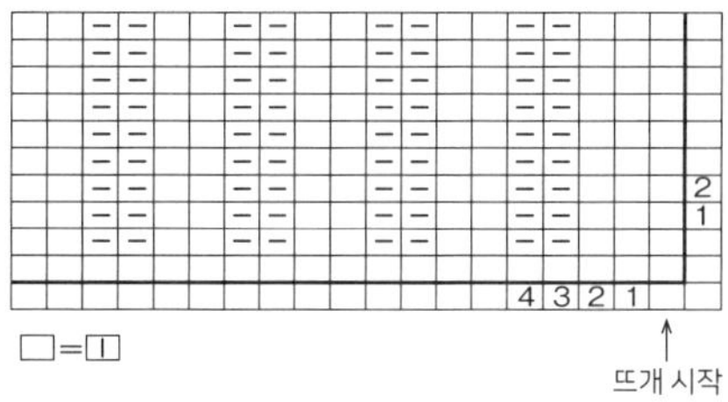

무늬뜨기

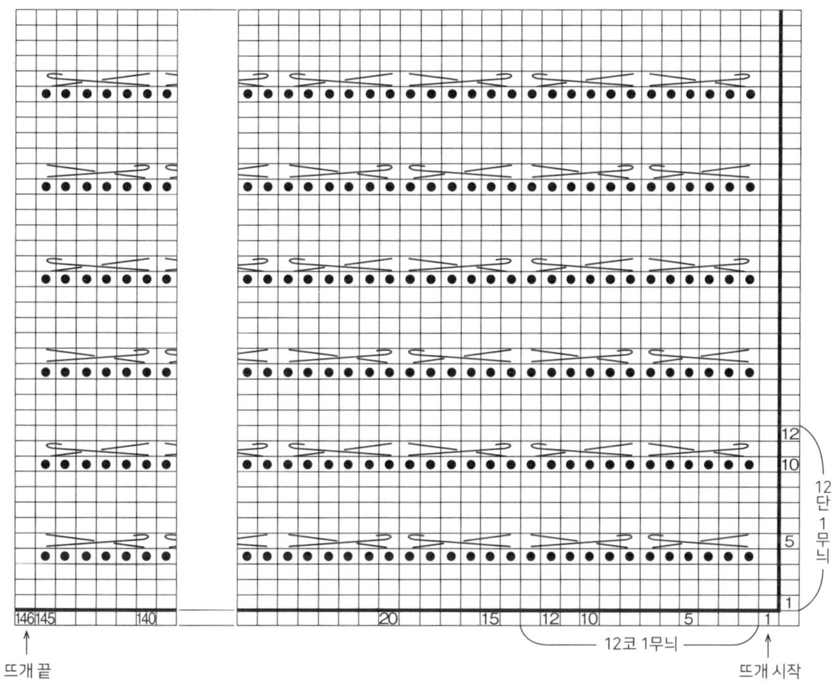

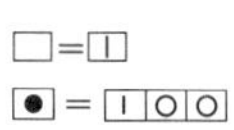

안을 보며 뜨는 단에서 안뜨기, 걸기코, 걸기코로 뜬다.
다음 단에서 걸기코를 바늘에서 빼내 이전에 떠 놓은 코를 늘려 긴 1코를 만든다

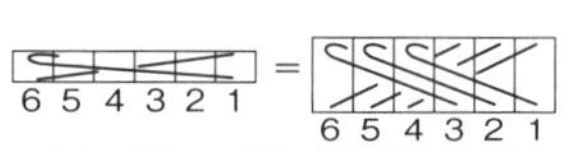

1~3의 3코에 4~6의 3코를 꿴 교차뜨기

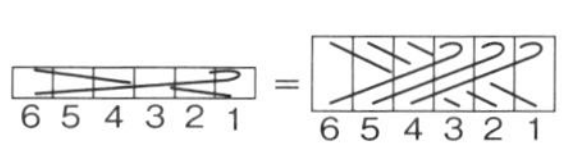

4~6의 3코에 1~3의 3코를 꿴 교차뜨기

Q

삼각 숄

P.32

재료와 도구

나이토쇼지 엘리자
오렌지 그라데이션(7410) … 170g

대바늘 10호

모티브A의 크기

5cm×5cm

완성 크기

폭 106cm, 길이 53cm(태슬 제외)

뜨개 포인트

- 손가락에 거는 시작코를 만들어 ①부터 뜨기 시작하고 숫자 순서대로 뜬다.
- 15열은 모티브가 삼각형이 되도록 뜨면서 이어준다.
- 태슬을 3개 만들어 지정 위치에 달아준다.

태슬 3개

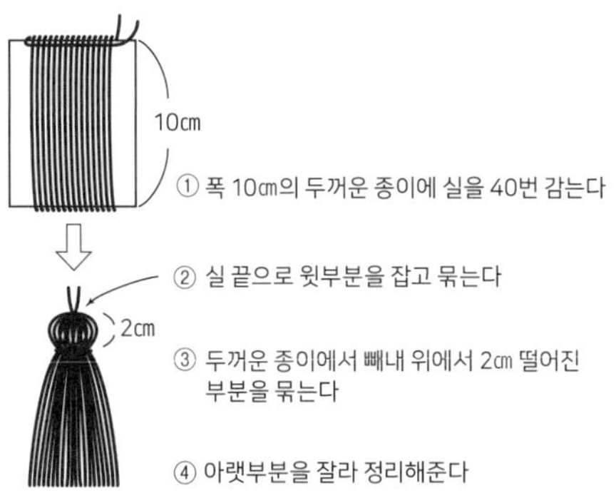

숄(바구니뜨기) 10호 바늘

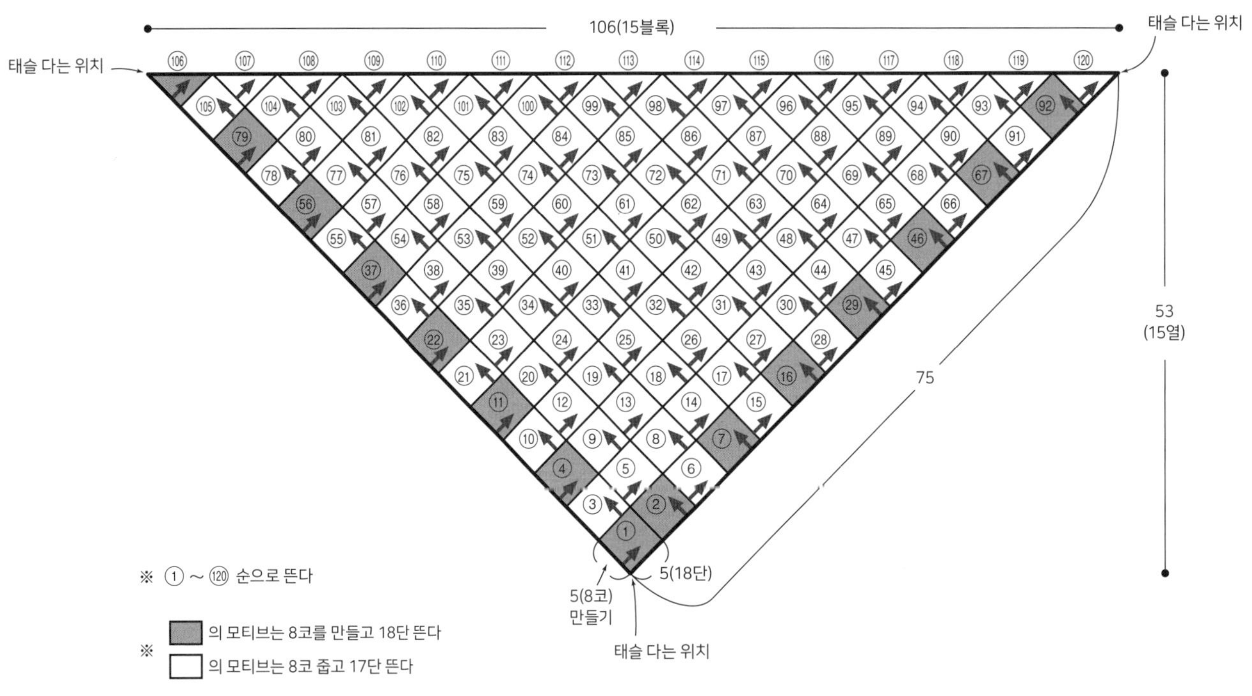

바구니뜨기

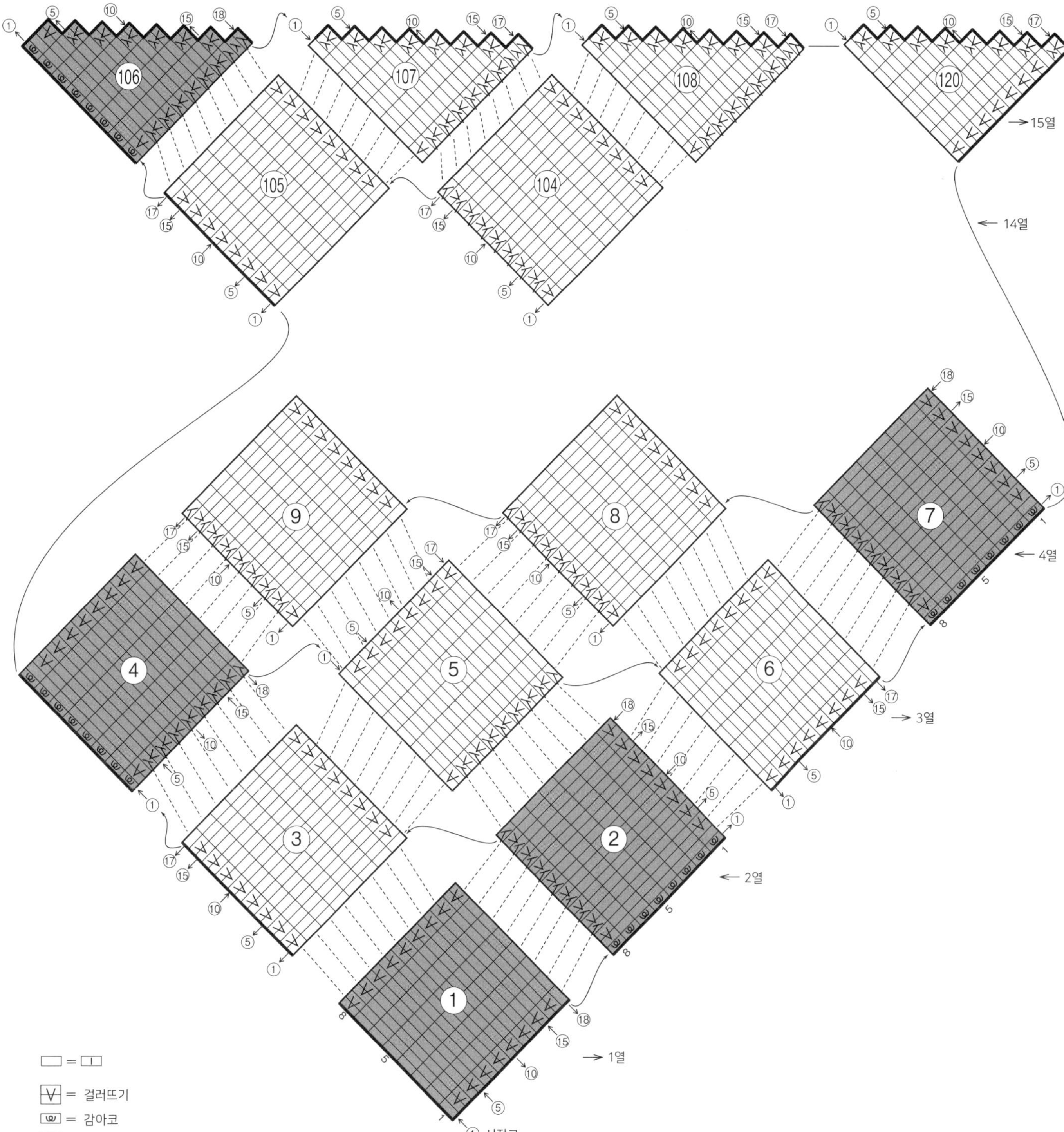

□ = |

V = 걸러뜨기

ⓞ = 감아코

= 오른코 겹쳐 2코 모아뜨기한 후, 다음 단에서 모아 뜬 코를 걸러 뜬다

= 왼코 겹쳐 2코 모아뜨기한 후, 다음 단에서 모아 뜬 코를 걸러 뜬다

R

무릎 담요

P.33

재료와 도구

퍼피 퀸 애니
회색(833) … 82g
빨간색(897) … 82g
흰색(880) … 50g

대바늘 8호

게이지

모티브 크기 15㎝×15㎝

완성 크기

폭 60㎝, 길이 45㎝

뜨개 포인트

- 빨간색 실로 '뜨면서 만드는 시작코'(30쪽 참조)를 만들고 모티브①부터 뜨기 시작한다.
- 배색에 주의하며 그림과 같이 12장의 모티브를 이어 떠준다.

무릎 담요(도미노뜨기) 8호 바늘

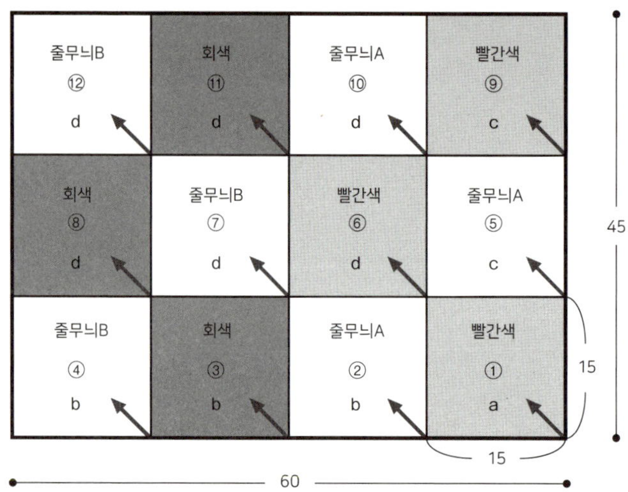

※모티브 안의 ①부터 ⑫는 뜨는 순서를 나타낸다

모티브 빨간색, 회색, 줄무늬A, 줄무늬B 각 3장

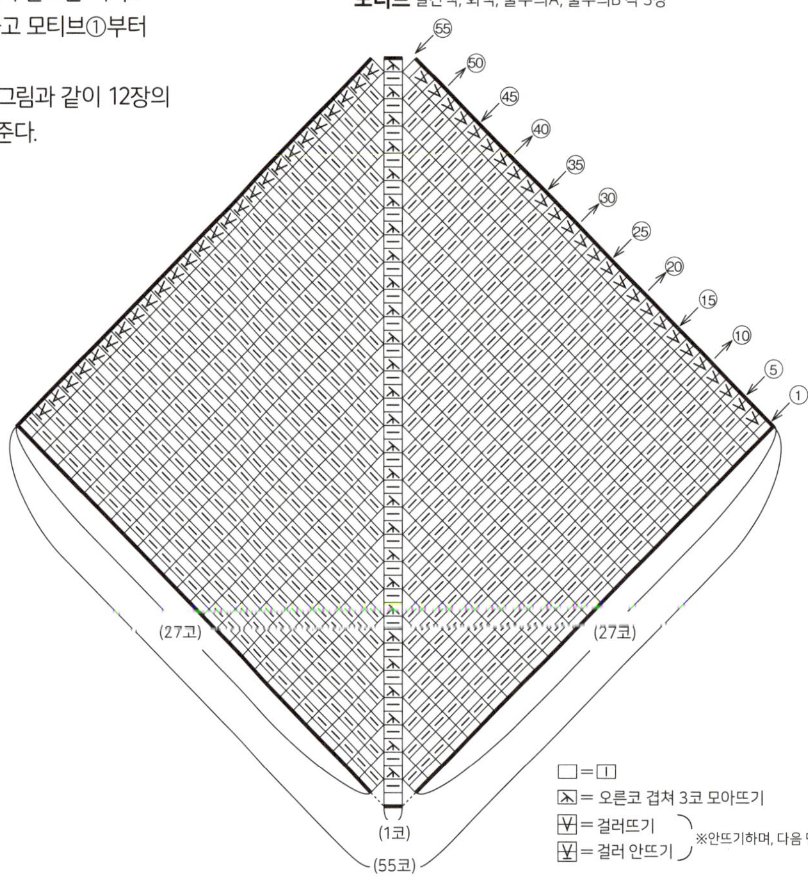

줄무늬A 배색

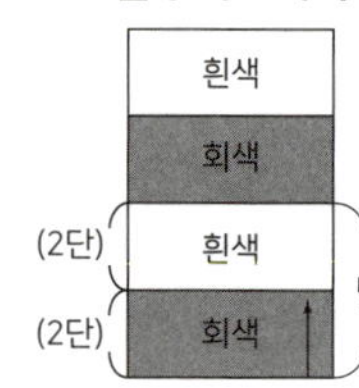

줄무늬B 배색

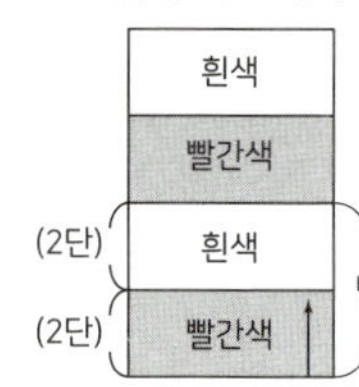

□ = Ⅰ
⋏ = 오른코 겹쳐 3코 모아뜨기
V = 걸러뜨기
V = 걸러 안뜨기
※안뜨기하며, 다음 단은 실이 안쪽으로 건너가도록 걸러 뜬다

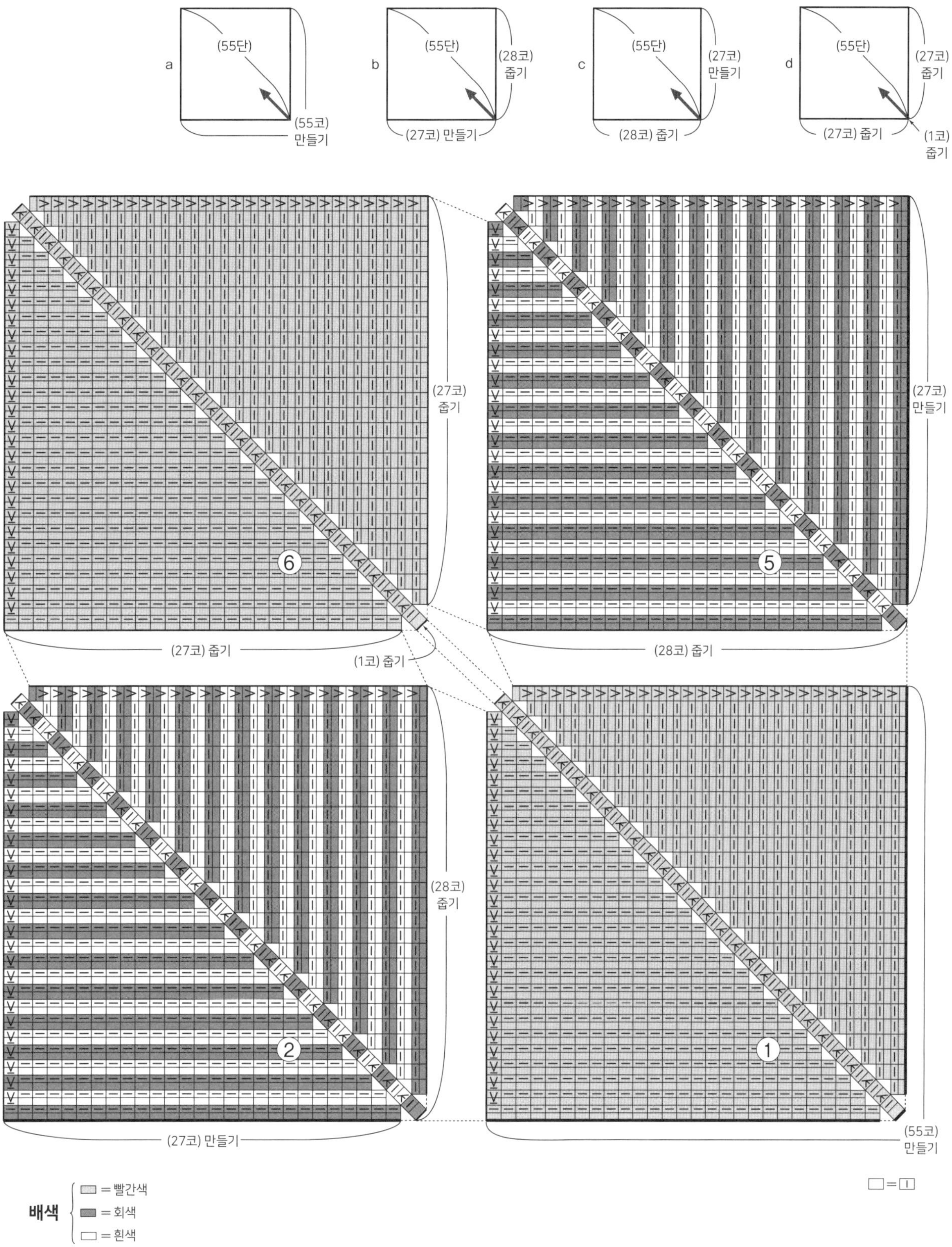
a
(55단)
(55코)
만들기
b
(55단)
(28코)
줍기
(27코) 만들기
c
(55단)
(27코)
만들기
(28코) 줍기
d
(55단)
(27코)
줍기
(27코) 줍기
(1코)
줍기
(27코)
줍기
6
(27코) 줍기
(1코) 줍기
(27코)
만들기
5
(28코) 줍기
(28코)
줍기
2
(27코) 만들기
1
(55코)
만들기
□=Ⅰ
배색
= 빨간색
= 회색
= 흰색

T

파우치

P.37

재료와 도구

하마나카 엑시드 울 L 병태
황록색(345) … 30g
다홍색(343) … 15g

대바늘 8호
코바늘 6/0호

게이지

사방 10㎝ 줄무늬뜨기 24코 18단

완성 크기

폭 18㎝, 깊이 13㎝

뜨개 포인트

- 바닥의 가운데부터 손가락에 거는 시작코로 43코를 만들고, 뒷면부터 떠준다. 바닥은 가터뜨기로 4단을 뜬다.
- 계속해서 줄무늬를 뜨고, 마지막 2단은 안메리야스뜨기한다. 뜨개 끝부분은 코막음한다.
- 앞면은 시작코에서 코를 주워 뒷면과 동일하게 뜬다.
- 옆면을 걸어 세로 잇기 한다. 뒷면의 입구 중앙에 코바늘로 단춧고리를 만들어준다.
- 단추를 만들어 앞면의 입구에 달아준다.

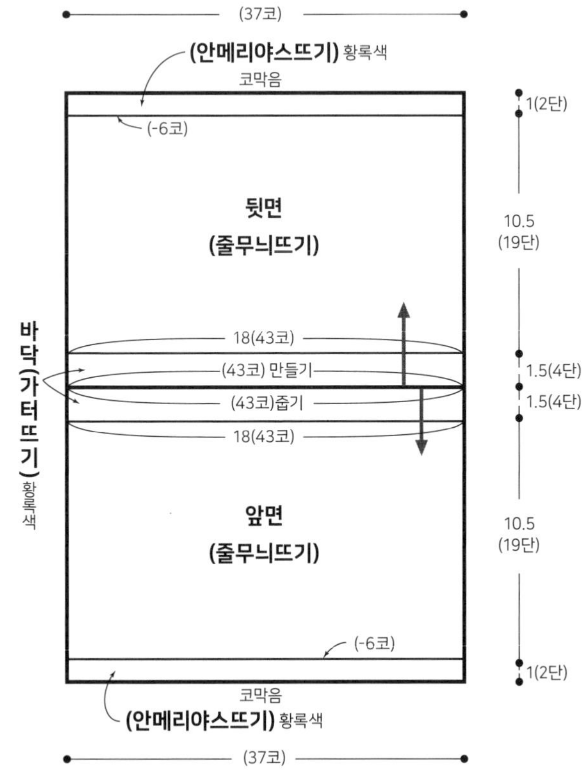

※지정하지 않은 부분은 모두 8호 바늘로 뜬다

마무리 방법

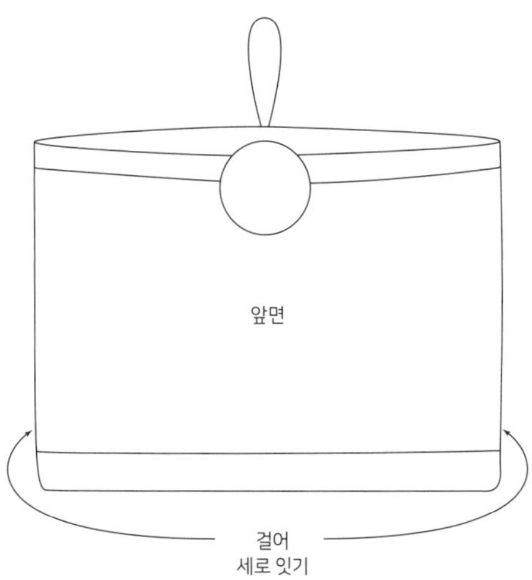

단추

6/0호 바늘, 황록색
직경 3.5㎝

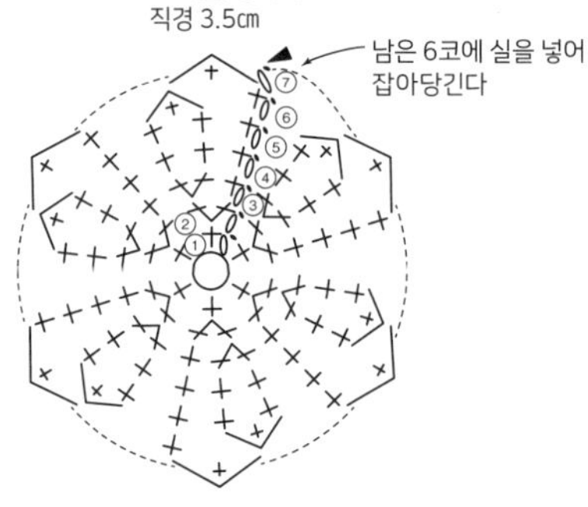

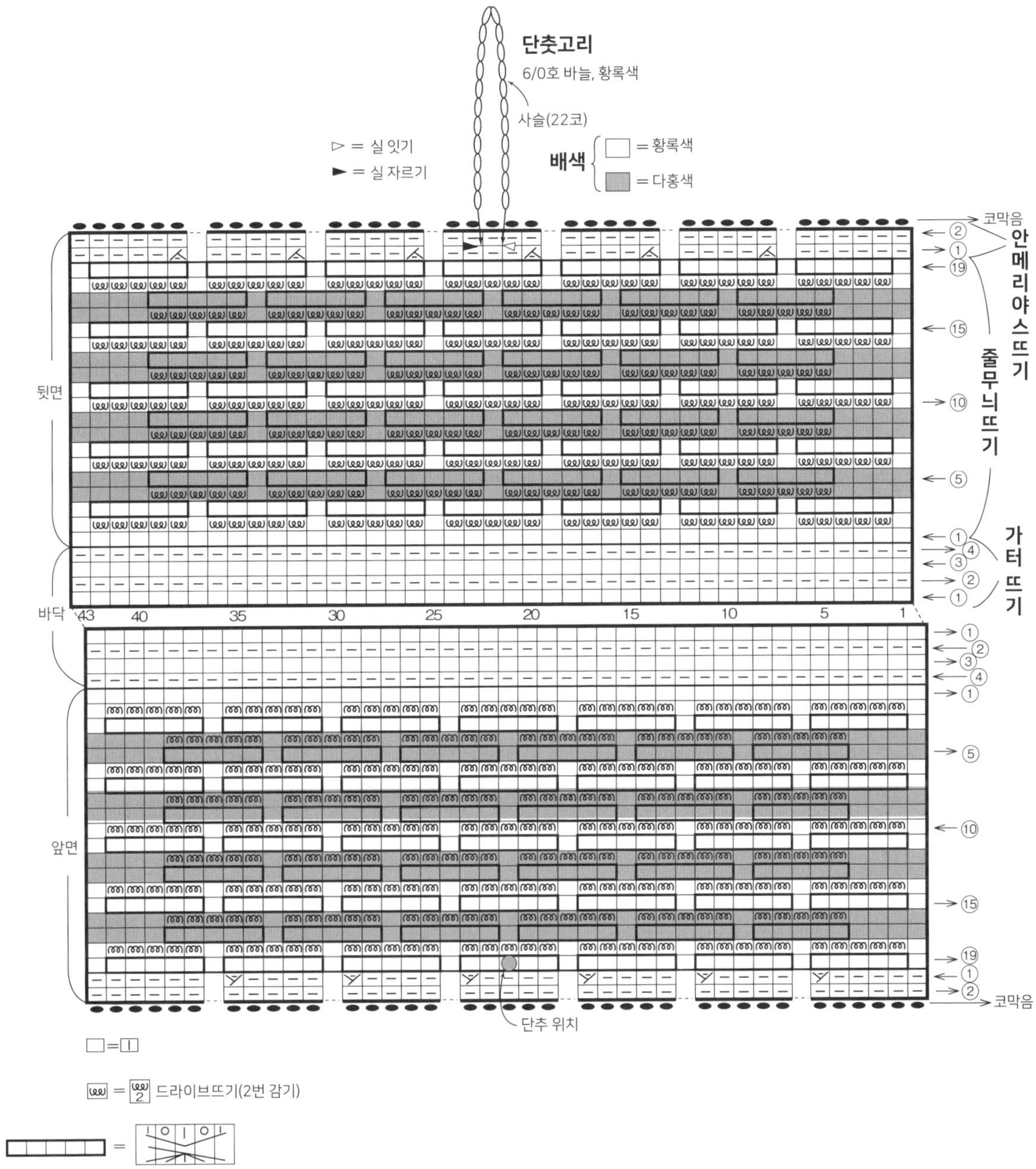

단춧고리
6/0호 바늘, 황록색
사슬(22코)
▷ = 실 잇기
► = 실 자르기
배색
= 황록색
= 다홍색
코막음
안메리야스뜨기
줄무늬뜨기
가터뜨기
뒷면
바닥
앞면
43 40 35 30 25 20 15 10 5 1
단추 위치
□=Ⅰ
드라이브뜨기(2번 감기)

U

단추 장식 머플러

P.40

재료와 도구

하마나카 소노모노 알파카 울 병태
베이지(62) … 150g

대바늘 6호

게이지

사방 10㎝ 무늬뜨기 15.5코 27.5단

완성 크기

폭 24㎝, 길이 109㎝

뜨개 포인트

- 손가락에 거는 시작코로 39코를 만들고, 가터뜨기를 7단 뜬다. 계속해서 양 끝을 3코씩 가터뜨기하고, 가운데는 무늬뜨기한다. 무늬뜨기는 코의 증감에 주의하여 도안에 따라 떠나간다.
- 뜨개 끝부분은 지정 위치에 단춧구멍을 만들고, 가터뜨기를 7단 뜬다. 안쪽에서 겉뜨기하며 코를 막는다.
- 지정 위치에 단추를 달아 마무리한다.

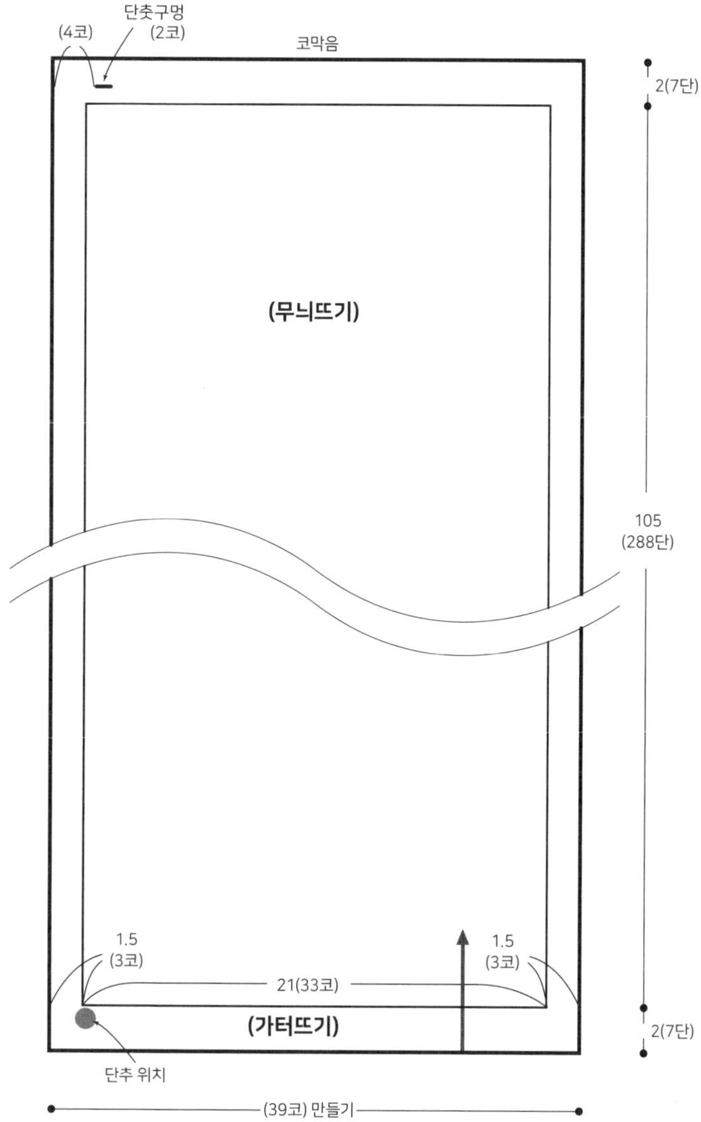

※모두 6호 바늘로 뜬다

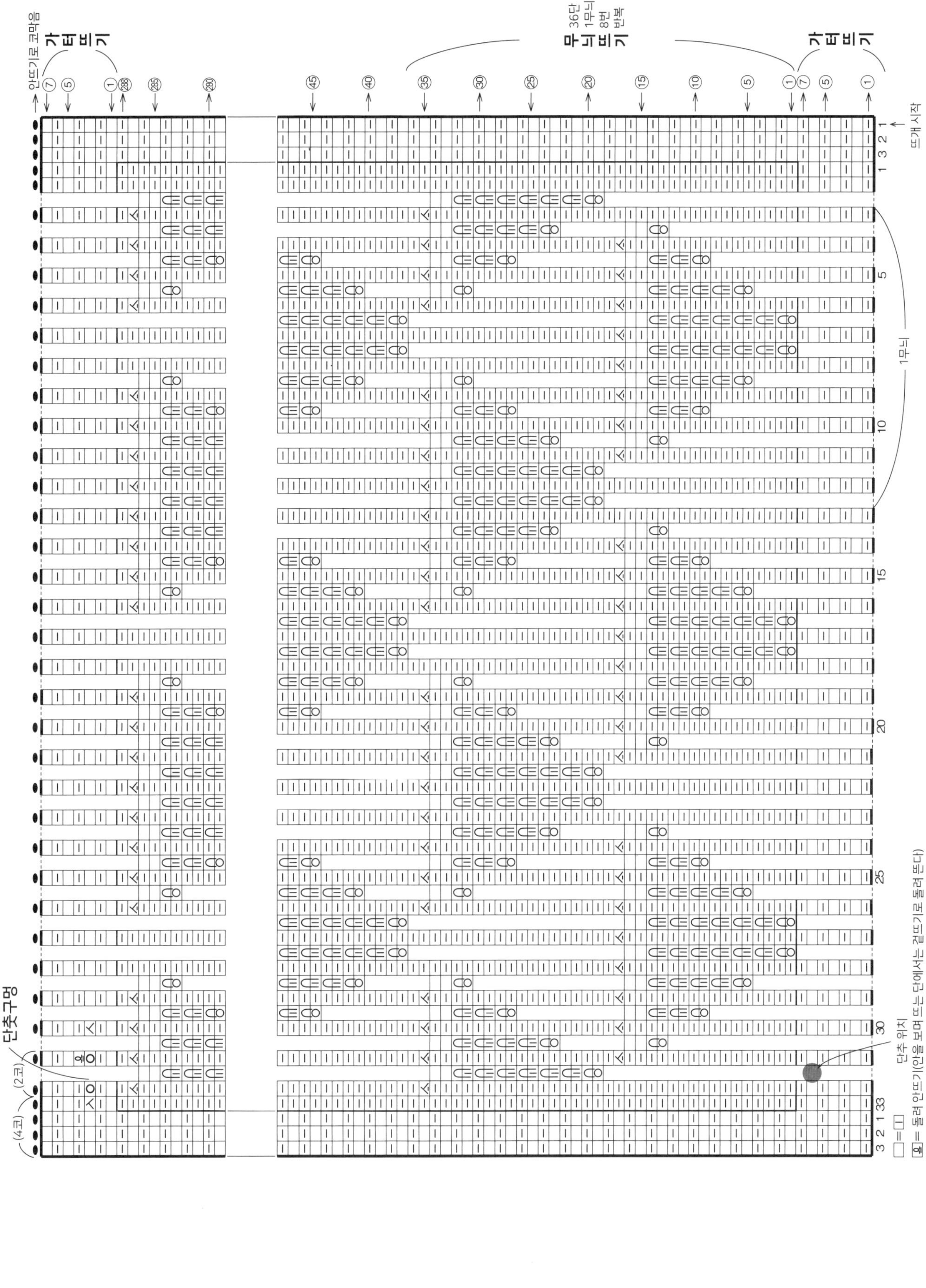

안뜨기로 코막음
가터뜨기
무늬뜨기
36단 1무늬 8번 반복
가터뜨기
뜨개 시작
1무늬
단추구멍
(2코)
(4코)
단추 위치
□=□
= 돌려 안뜨기(안을 보며 뜨는 단에서는 겉뜨기로 돌려 뜬다)

V

앵클 워머

P.41

재료와 도구

퍼피 프린세스 애니
회색(518) … 60g
하늘색(534) … 20g

대바늘 5호
코바늘 5/0호

게이지

사방 10㎝ 배색뜨기 49코 44단

완성 크기

도안 참조

뜨개 포인트

- 손가락에 거는 시작코로 98코를 만들고, 도안을 참조하며 배색뜨기를 33단 뜬다. 시작코 단은 안을 보며 뜨는 단이 된다. 배색뜨기는 건네는 실을 당겨주며 뜨고, 느슨해지지 않도록 주의한다.
- 33단부터 코를 줄이며 2코 고무뜨기를 원형으로 떠준다. 계속해서 에징뜨기를 2단 떠준 후, 마지막 단은 코바늘로 2코 모아뜨기하며 마무리한다.
- 같은 뜨개 바탕을 2장 만들되, 1번째 뜨개 바탕의 회색과 하늘색을 반대로 떠주어 배색이 대칭이 되도록 한다.

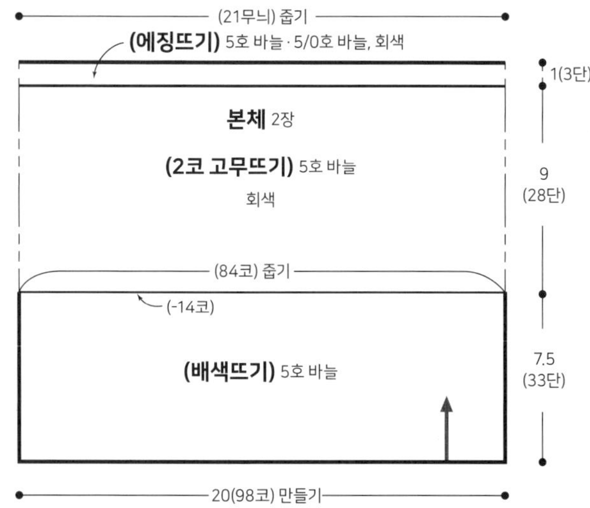

완성도

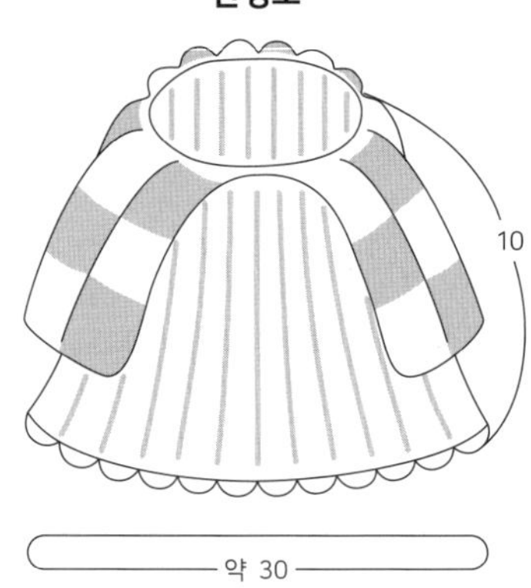

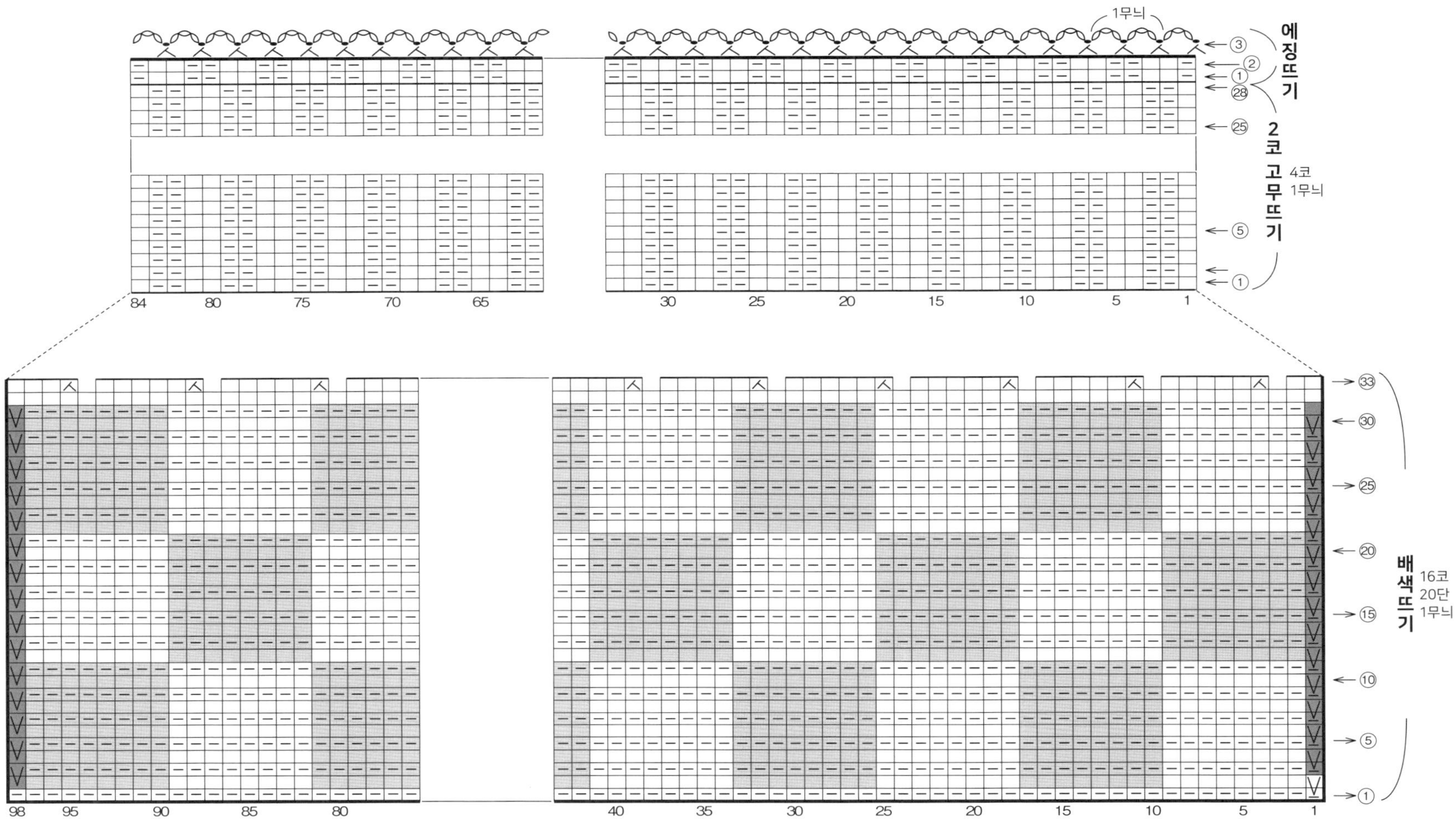

※건네는 실을 잡아당겨 느슨해지지 않도록 뜬다. 배색실, 바탕실 모두 가장자리까지 건너가게 한다

※2번째 뜨개 바탕은 2~31단의 배색을 반대로 떠준다(1, 32, 33단은 바꾸지 않고 회색으로 뜬다)

□=⊡

배색

- □ = 회색
- ▨ = 하늘색
- ■ = 회색과 하늘색

W

바이컬러 블랭킷

P.46

재료와 도구

DARUMA 셰틀랜드 울
아이보리(1) … 230g
빨간색(10) … 260g

뜨개 시작용 실
대바늘 8호, 6호

게이지

사방 10㎝ 배색뜨기A, B
20.5코(41코) 29단

완성 크기

폭 94㎝, 길이 67㎝

뜨개 포인트

- 별도 사슬로 만드는 1코 고무뜨기 시작코를 빨간색 실로 뜬다. 6호 바늘로 바꿔 2단을 떠 뜨개 바탕을 이중으로 만들어준다. 2단부터 194단까지 매 단 386코씩 빨간색과 아이보리색으로 배색뜨기를 뜬다.
- 195단과 196단은 아이보리색을 걸러뜨기하고, 빨간색만 뜬다.
- 빨간색으로 1코 고무뜨기 코막음한다.

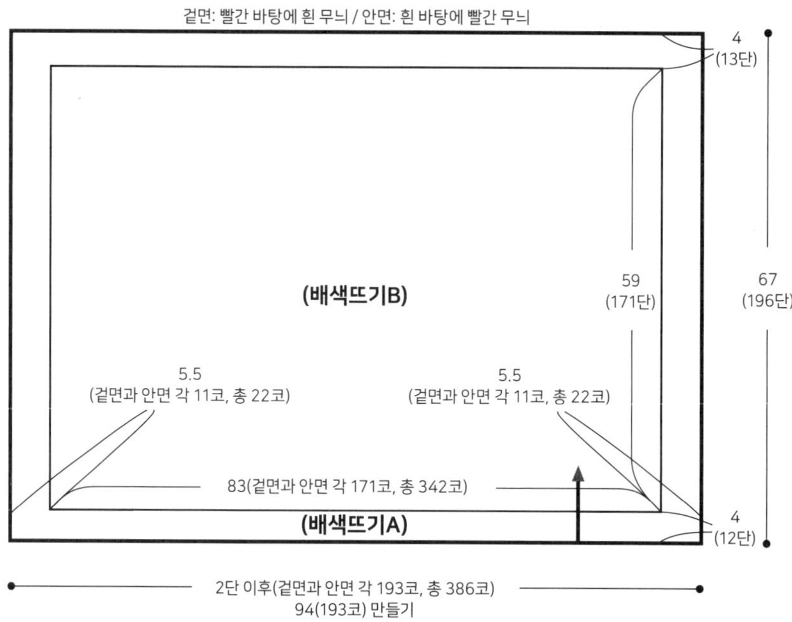

※시작코는 8호 바늘, 2단 이후는 6호 바늘로 뜬다
※홀수 단을 뜰 때는 겉을 보며 뜨고, 짝수 단을 뜰 때는 안을 보며 뜬다

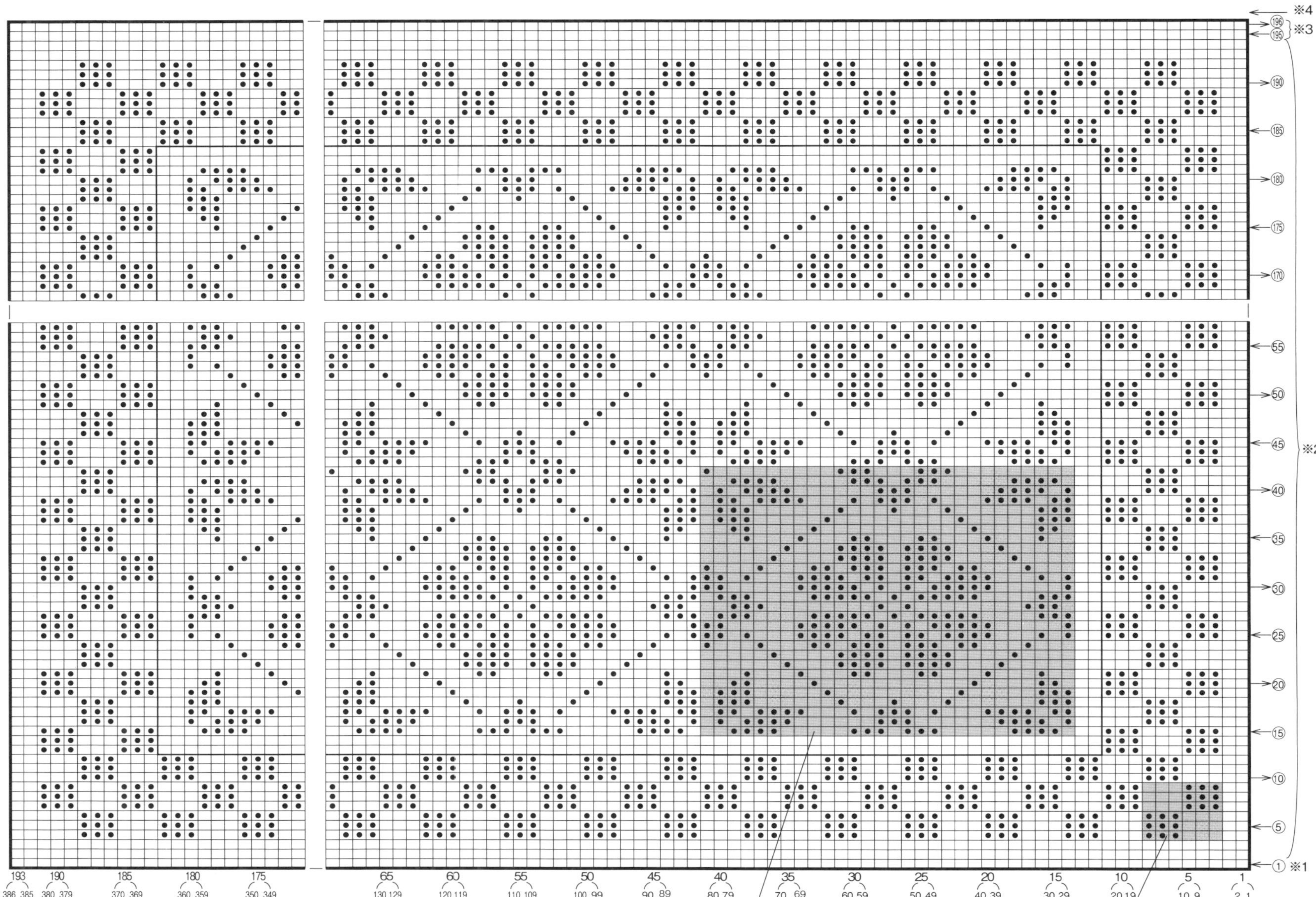

배색뜨기B

겉면, 안면 각 28코(총 56코) 28단 1무늬

배색뜨기A

겉면, 안면 각 6코(총 12코) 6단 1무늬

※4 빨간색으로 1코 고무뜨기 마무리

※3 흰색을 뜨지 않고 걸러뜨기

※1 빨간색으로 별도 사슬 1코 고무뜨기 시작코(193코)

※2

2단부터 194단까지의 배색과 뜨개 기호

겉을 보며 뜨는 단 (홀수 단)
- ● = 빨간색 아이보리
- □ = 아이보리 빨간색

안을 보며 뜨는 단 (짝수 단)
- ● = 아이보리 빨간색
- □ = 빨간색 아이보리

Basic Technique Guide

대바늘뜨기 · 코바늘뜨기의 기초

대바늘뜨기

코바늘뜨기

대바늘뜨기

시작코

손가락에 거는 시작코

일반적인 시작코. 신축성이 있어 얇게 만들 수 있기 때문에 그대로 끝단으로 사용할 수 있다.

1

실 끝은 뜨개 바탕 너비의 약 3배를 잡는다.

2

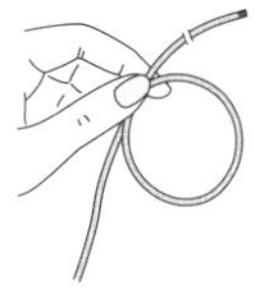

고리를 만들어 왼손으로 교차점을 잡는다.

3

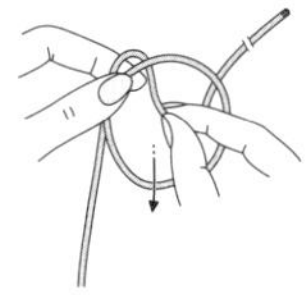

고리 안쪽에서 실 끝을 빼낸다.

4

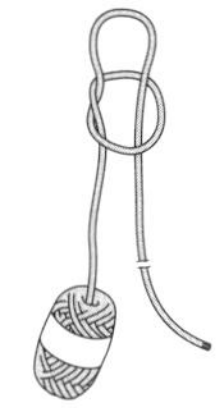

빼낸 실로 작은 고리를 만든다.

5

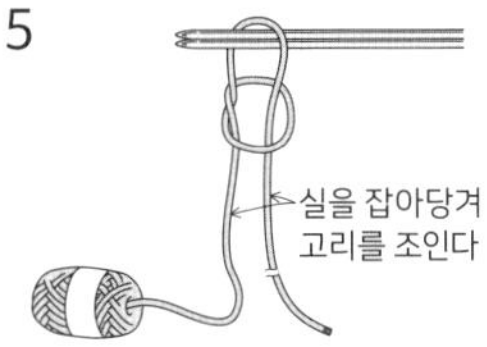

작은 고리 안에 바늘 2개를 넣고, 양쪽 실을 잡아당겨 고리를 조인다.

6

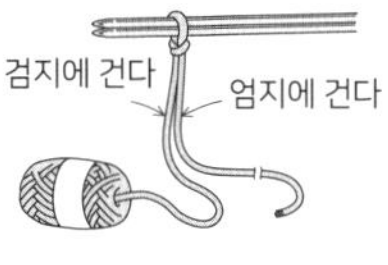

1코 완성. 짧은 실 끝을 엄지에, 긴 실을 검지에 건다.

7

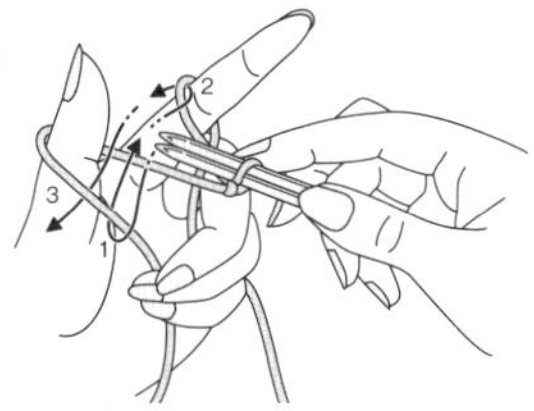

바늘 끝을 1, 2, 3의 화살표 순서대로 움직여 바늘에 실을 건다.

8

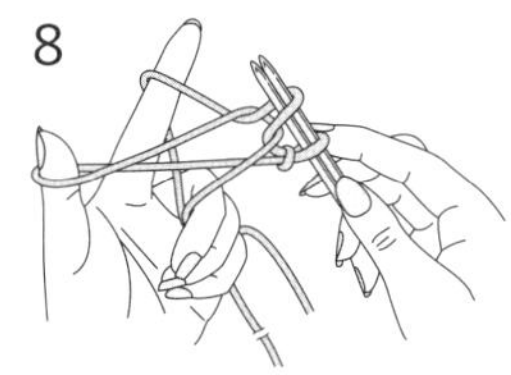

1, 2, 3의 순서대로 실을 건 모습.

9

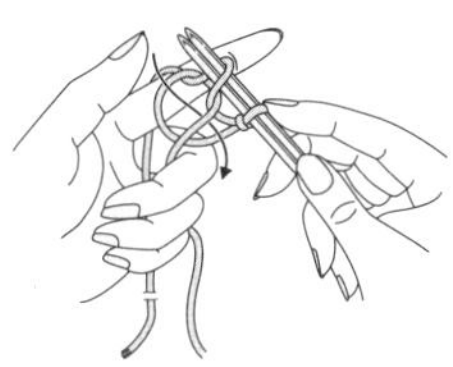

엄지를 일단 뺀 후, 화살표와 같이 엄지를 다시 넣는다.

10

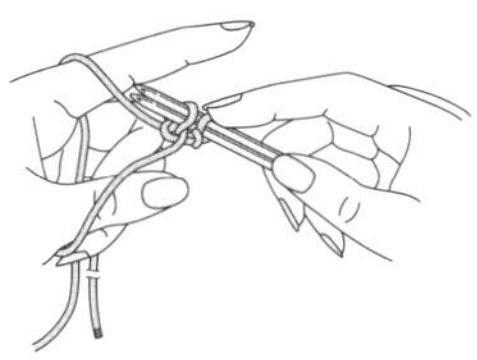

엄지를 다시 넣어 당겨준 모습. 2코 완성.

11

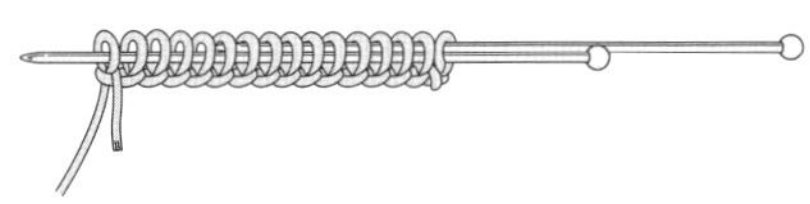

필요한 콧수가 만들어지면 바늘 하나를 뺀다.

별도 사슬을 이용한 시작코

나중에 반대 방향으로 뜰 때 사용하는 시작코로, 코바늘로 만든다. 뜨개를 완성하면 시작코를 풀어 코를 줍기 때문에 여름 실과 같이 섬유가 남지 않는 매끄러운 실을 사용하는 것이 좋다.

● 별도 사슬뜨기

1

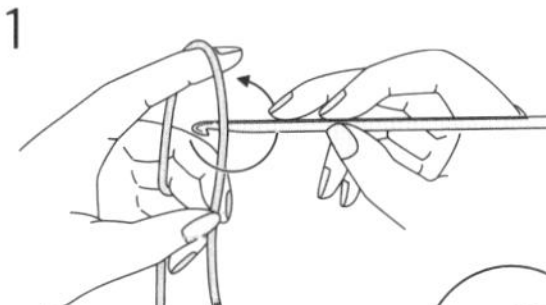

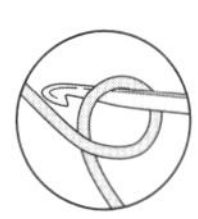

코바늘을 실 뒤쪽에 대고 화살표 방향대로 둘러준다.

2

교차점을 손가락으로 누르며 코바늘에 실을 건다.

3

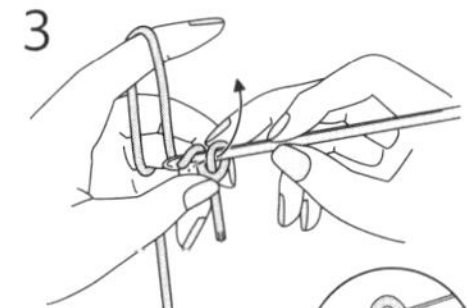

건 실을 고리 안으로 빼낸다.

4

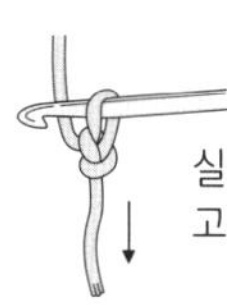

실 끝을 잡아당겨 고리를 조인다.

5

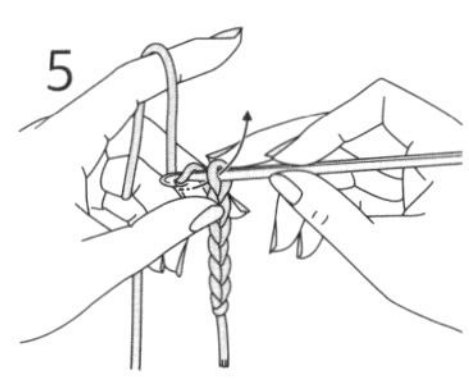

코바늘에 실을 걸어 고리 안으로 빼내는 것을 반복한다.

6

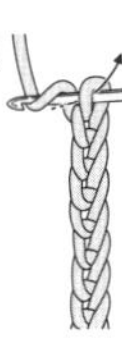

마지막으로 한 번 더 실을 걸어 빼낸 후 실을 잘라 당겨준다.

※나중에 풀어야 하므로 여유롭게 만들어두어도 좋다.

● 별도 사슬의 코 산 줍기 ※실제로 뜰 실로 줍는다.

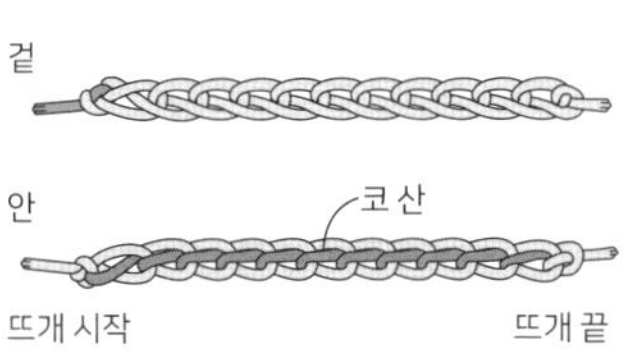

1

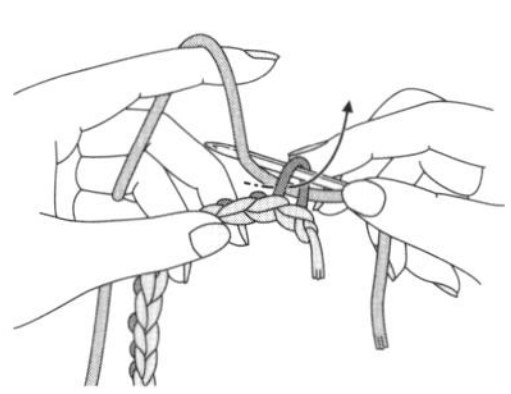

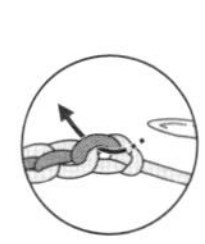

별도 사슬이 끝나는 부분의 코 산에 대바늘을 넣어 실제로 뜰 실로 줍는다.

2

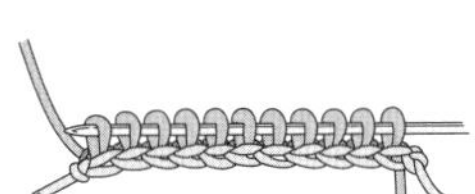

필요 콧수만큼 줍는다.

기본 뜨기

| 겉뜨기

1

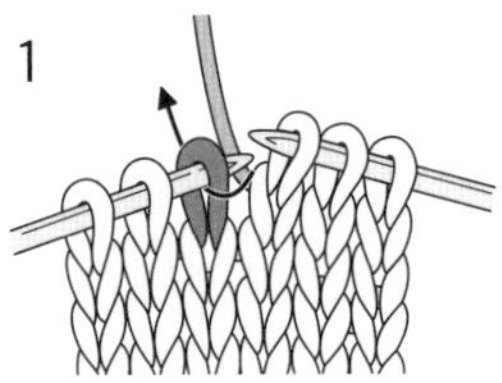

실을 뒤쪽에 두고 오른쪽
바늘을 앞쪽에서 넣는다.

2

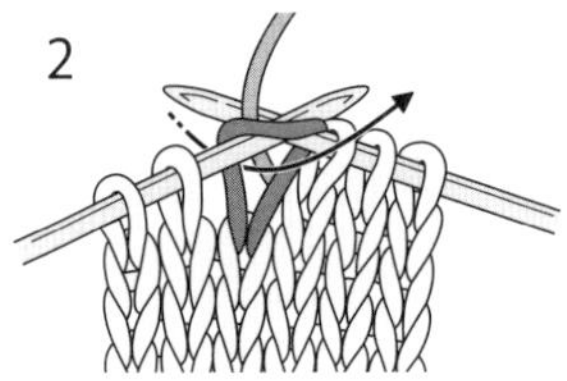

실을 걸어 화살표와 같이
앞쪽으로 빼낸다.

3

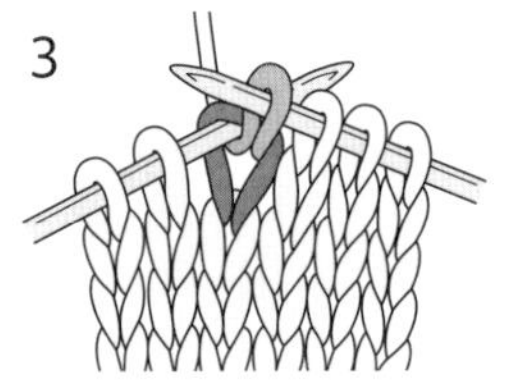

왼쪽 바늘에서 코를 빼낸다.

4

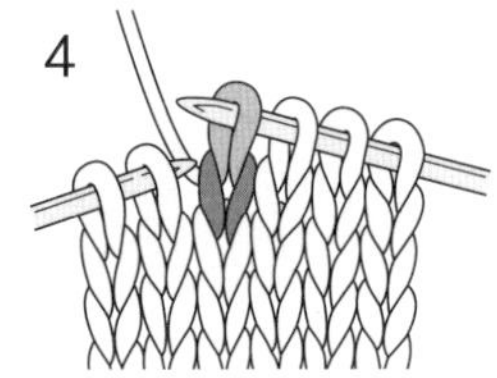

겉뜨기 완성.

— 안뜨기

1

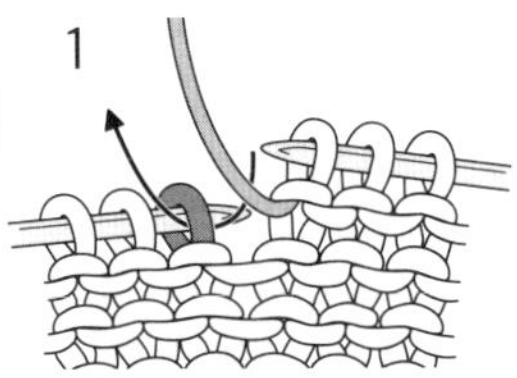

실을 앞쪽에 두고 화살표와 같이
오른쪽 바늘을 뒤쪽에서 넣는다.

2

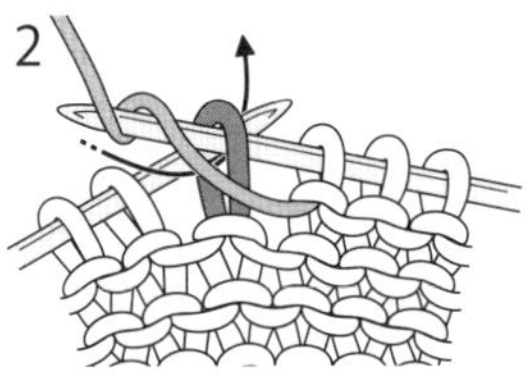

실을 앞에서 뒤로 걸어 화살표
방향으로 빼낸다.

3

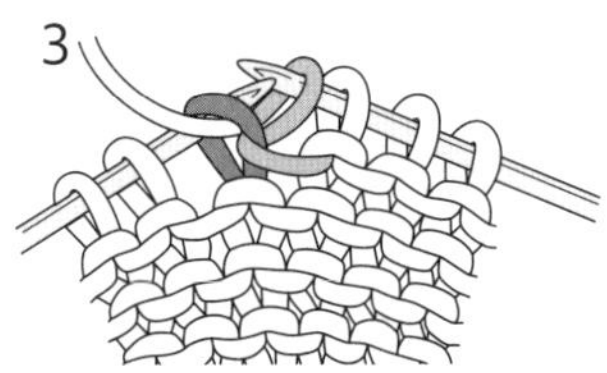

오른쪽 바늘로 실을 빼낸 뒤,
왼쪽 바늘에서 코를 빼낸다.

4

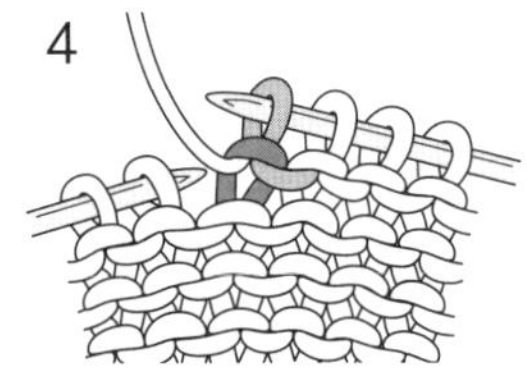

안뜨기 완성.

○ 걸기코

1

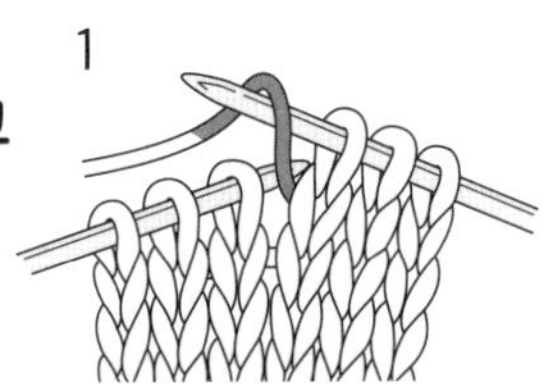

오른쪽 바늘에 실을 앞에서
뒤로 건다.

2

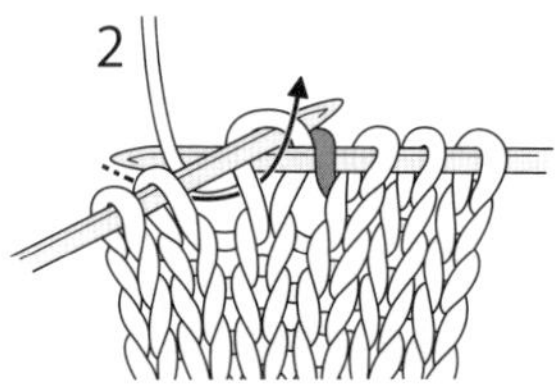

다음 코를 뜬다.

3

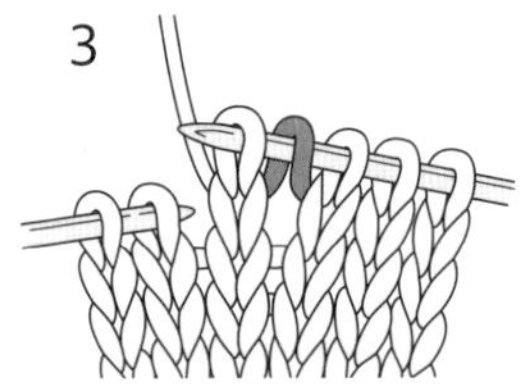

걸기코 완성. 1코가 늘어난 모습.

4

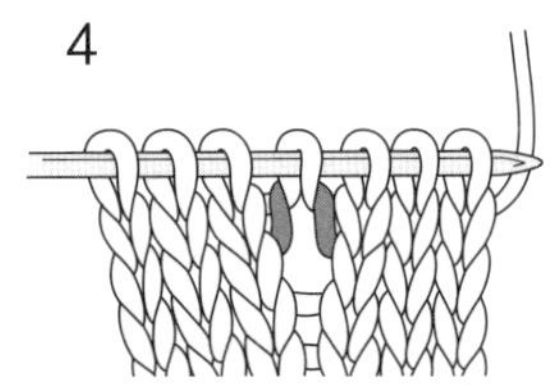

다음 단을 뜬 후 겉에서 본 모습.

돌려뜨기

1

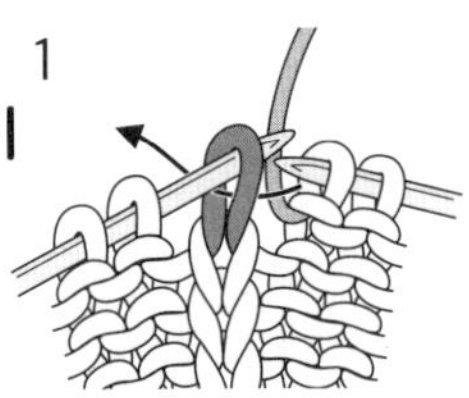

화살표와 같이 오른쪽 바늘을
뒤쪽부터 넣는다.

2

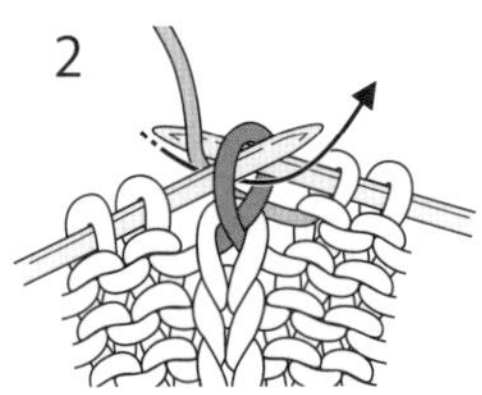

실을 걸어 화살표와 같이
앞으로 빼낸다.

3

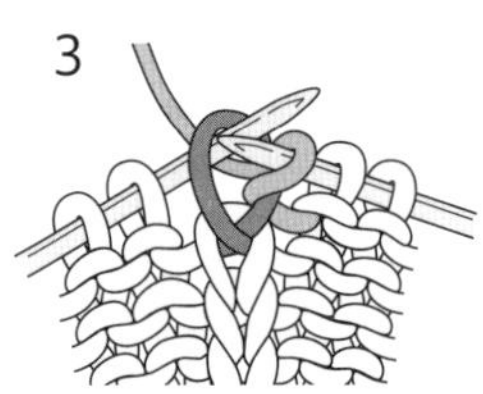

왼쪽 바늘에서 코를 빼낸다.

4

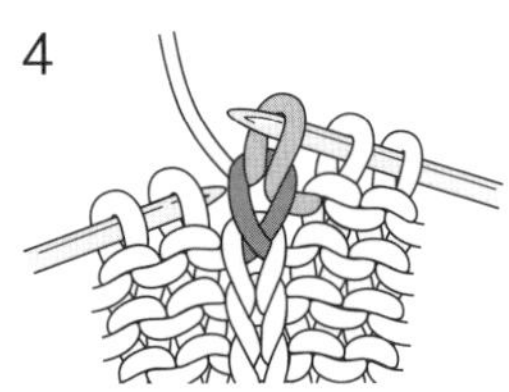

돌려뜨기 완성. 아래 코가
꼬아져 있는 모습.

돌려 안뜨기

1

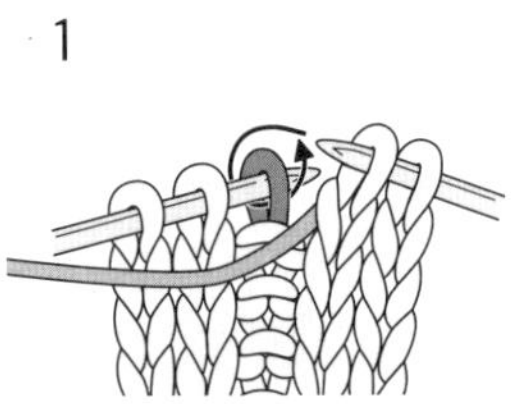

실을 앞에 두고 화살표와 같이
뒤쪽에서 오른쪽 바늘을 넣는다.

2

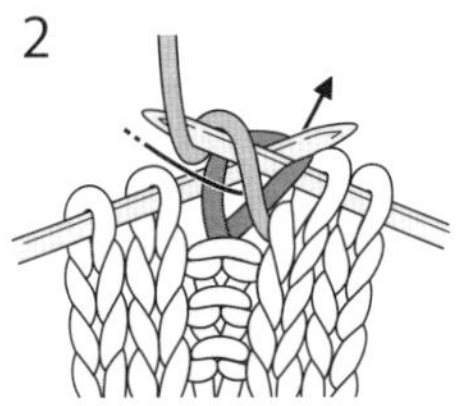

실을 걸어 화살표와 같이
뒤쪽으로 빼낸다.

3

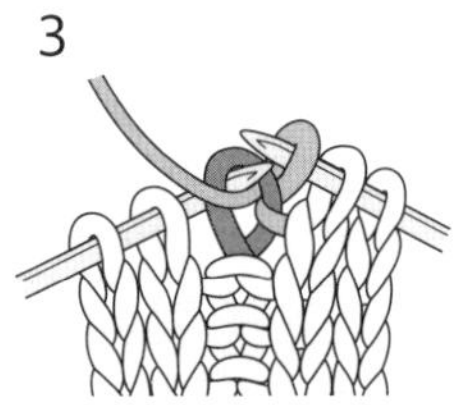

왼쪽 바늘에서 코를 빼낸다.

4

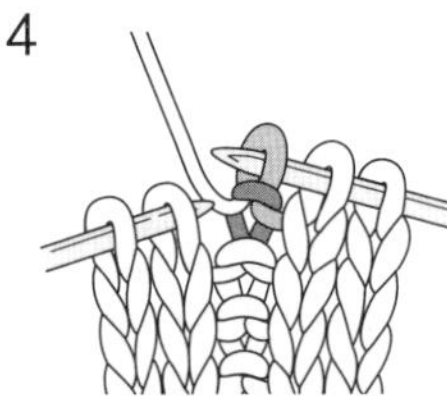

돌려 안뜨기 완성. 아래 코가
꼬아져 있는 모습.

● 코막음 (겉뜨기의 경우)

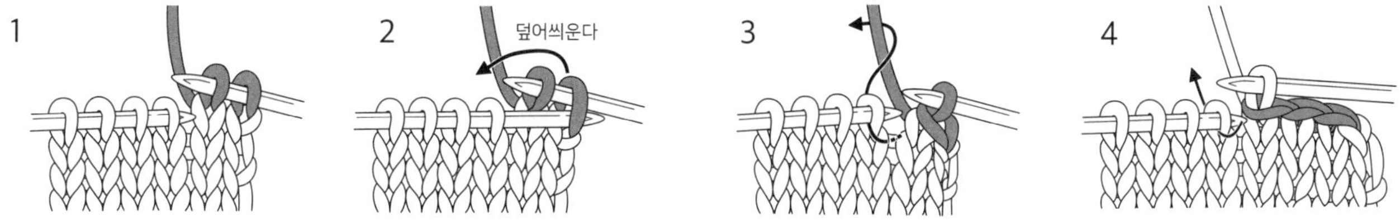

1 2코를 겉뜨기로 뜬다.

2 오른쪽 코를 왼쪽 코에 덮어씌운다.

3 코막음 1코 완성. 다음 코도 겉뜨기해준 후, 2와 동일하게 덮어씌운다.

4 '1코 겉뜨기 후 덮어씌우기'를 반복하며 코막음을 해준다.

오른코 겹쳐 2코 모아뜨기

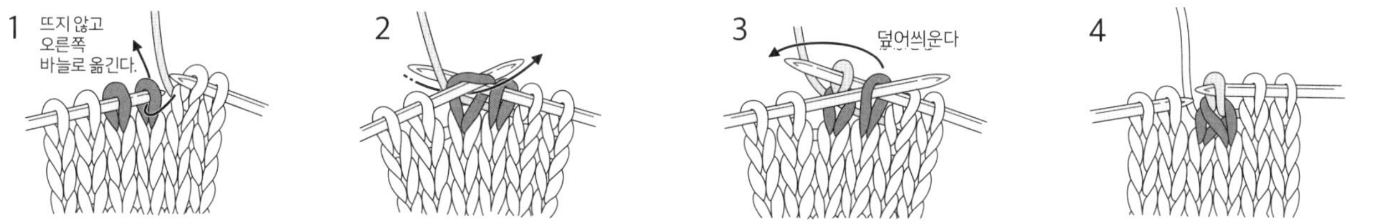

1 1번째 코를 뜨지 않고 오른쪽 바늘로 옮긴다.

2 2번째 코를 겉뜨기로 뜬다.

3 오른쪽 바늘로 옮겨둔 코를 겉뜨기한 코에 덮어씌운다.

4 오른코 겹쳐 2코 모아뜨기 완성.

왼코 겹쳐 2코 모아뜨기

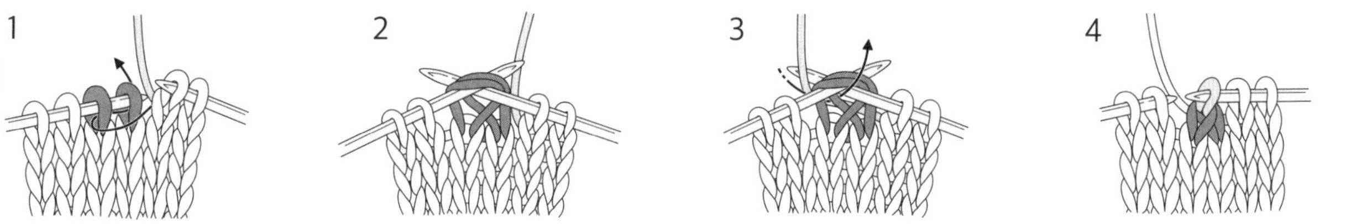

1 오른쪽 바늘로 2코를 왼쪽부터 한 번에 넣는다.

2 바늘을 넣은 모습.

3 2코를 한 번에 겉뜨기로 뜬다.

4 왼코 겹쳐 2코 모아뜨기 완성.

오른코 겹쳐 2코 모아 안뜨기

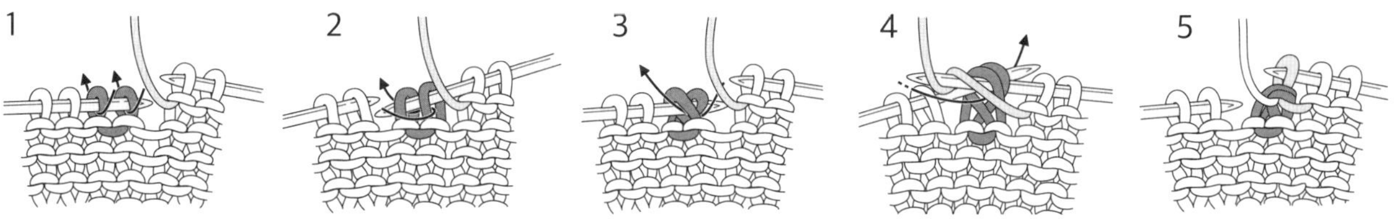

1 2코 모두 뜨지 않고 오른쪽으로 옮긴다.

2 왼쪽 바늘을 2코의 오른쪽부터 넣어 코를 다시 옮긴다.

3 화살표와 같이 오른쪽 바늘을 넣어,

4 2코를 한 번에 안뜨기로 뜬다.

5 오른코 겹쳐 2코 모아 안뜨기 완성.

오른코 겹쳐 2코 모아 돌려뜨기

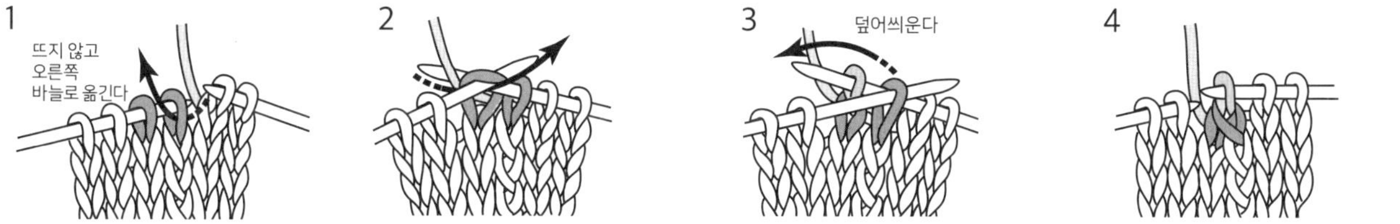

1 코의 뒤쪽에서 바늘을 넣어 뜨지 않고 오른쪽 바늘로 옮긴다.

2 왼쪽 코에 바늘을 넣은 후 실을 걸어 빼내며 겉뜨기를 뜬다.

3 오른쪽 바늘에 옮긴 코에 왼쪽 바늘을 넣어 덮어씌운다.

4 오른코 겹쳐 2코 모아 돌려뜨기 완성.

오른코 겹쳐 3코 모아뜨기

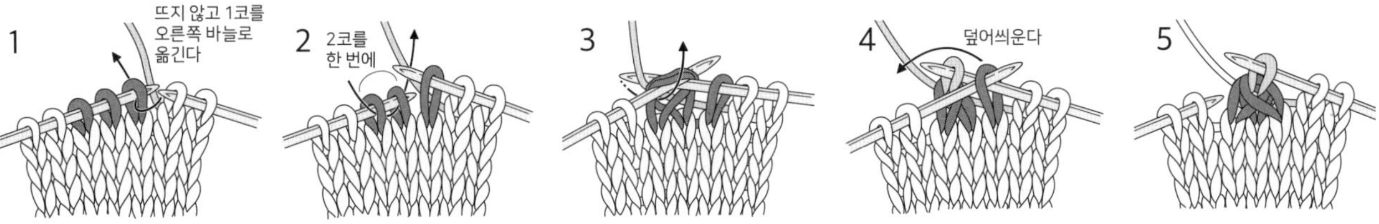

1. 코를 뜨지 않고 1코를 오른쪽 바늘로 옮긴다.
2. 오른쪽 바늘을 다음 2코의 왼쪽부터 한 번에 넣는다.
3. 2코를 함께 겉뜨기로 뜬다.
4. 오른쪽 바늘에 옮겨둔 코를 겉뜨기한 코에 덮어씌운다.
5. 오른코 겹쳐 3코 모아뜨기 완성.

중심 3코 모아뜨기

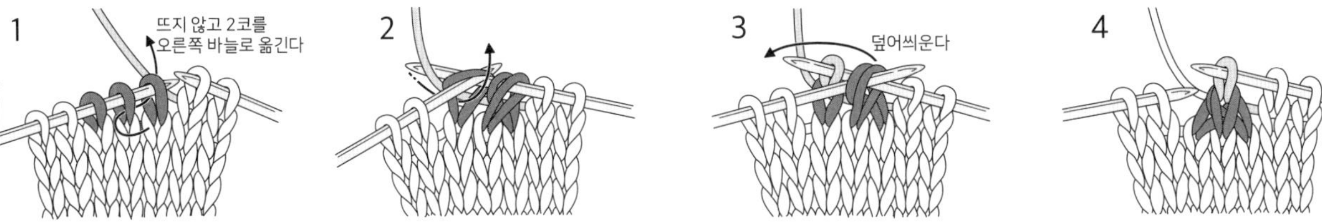

1. 오른쪽 2코에 화살표 방향대로 바늘을 넣어 뜨지 않고 오른쪽 바늘로 옮긴다.
2. 다음 코를 겉뜨기로 뜬다.
3. 오른쪽 바늘에 옮겨둔 2코를 겉뜨기한 코에 덮어씌운다.
4. 중심 3코 모아뜨기 완성.

⇐ ●
⇒ ×

걸러뜨기 (1단의 경우)

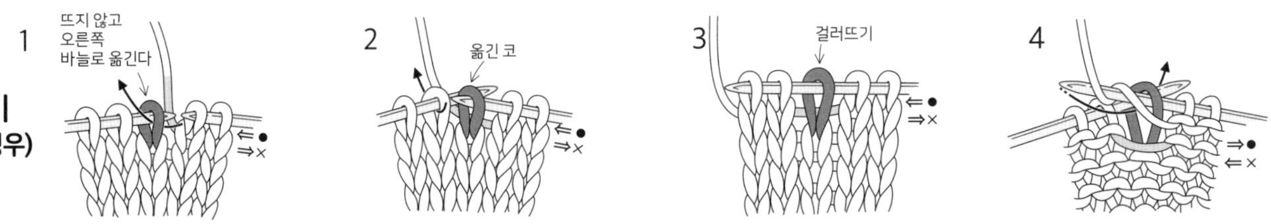

1. ●단에서 실을 뒤쪽에 두고 화살표 방향으로 바늘을 넣어 뜨지 않고 옮긴다.
2. 옮긴 코가 걸러 떠진 모습. 계속해서 다음 코를 뜬다.
3. 걸러뜨기한 부분의 건네는 실이 뒤쪽에 위치해 있는지 확인한다.
4. 다음 단부터 도안에 따라 걸러뜨기를 뜬다.

⇐ ●
⇒ ×

걸쳐뜨기 (1단의 경우)

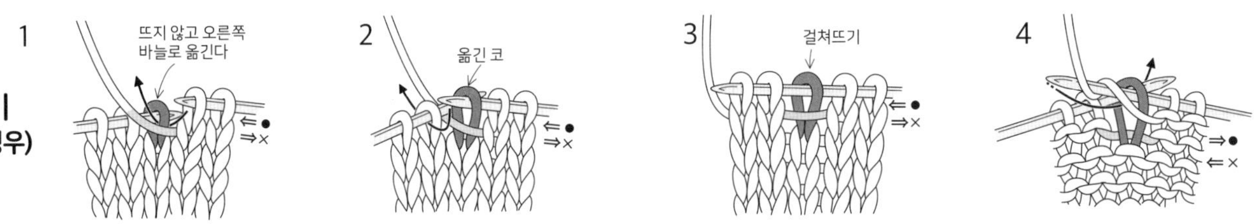

1. ●단에서 실을 앞쪽에 두고 화살표 방향으로 바늘을 넣어 뜨지 않고 옮긴다.
2. 옮긴 코가 걸쳐 떠진 모습. 계속해서 다음 코를 뜬다.
3. 걸쳐뜨기한 부분의 건네는 실이 앞쪽에 위치해 있는지 확인한다.
4. 다음 단부터 도안에 따라 걸쳐뜨기를 뜬다.

⇐ ●
⇒ ×

걸러 안뜨기 (1단의 경우)

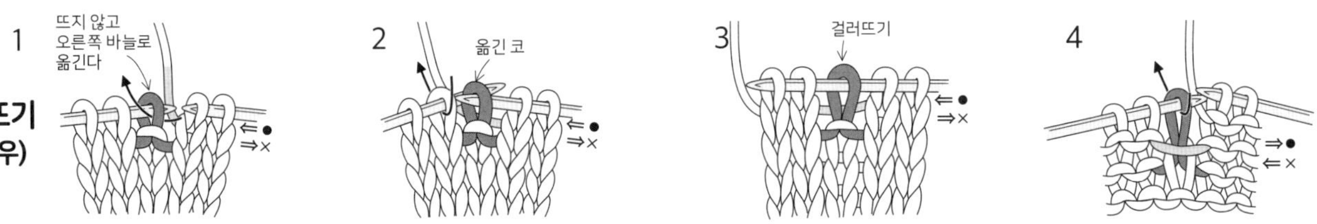

1. ×단의 코가 안뜨기되어 있는 경우, ●단에서 실을 뒤쪽에 두고 화살표 방향으로 오른쪽 바늘을 넣어 뜨지 않고 옮긴다.
2. 옮긴 코가 걸러 안뜨기된 모습. 다음 코를 뜬다.
3. 계속해서 걸러뜨기한 부분의 건네는 실이 뒤쪽에 위치해 있는지 확인한다.
4. 다음 단부터 도안에 따라 걸러 안뜨기를 뜬다.

감아코 늘리기
(감아코로 2코 이상 늘리기)

뜨개 바탕의 양 끝에서 바늘에 실을 감아 코를 늘리는 방법. 2코 이상은 뜨개가 끝나는 부분에서 코를 늘리기 때문에 좌우로 1단씩 어긋나지만, 1코만 늘릴 때는 같은 단에서 작업한다.

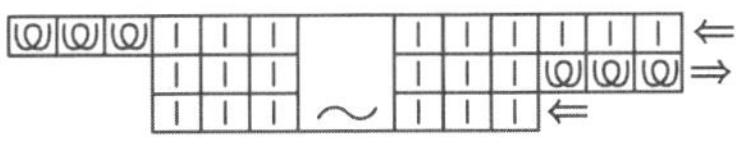

〈가장자리에서 감아코로 3코 늘리는 경우〉

오른쪽

1

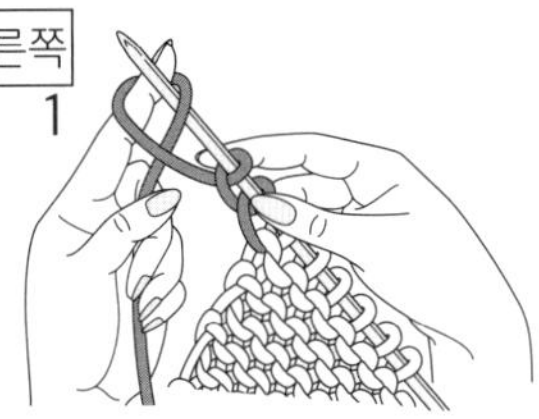

검지에 건 실에 그림과 같이 바늘을 넣고 손가락을 뺀다.

2

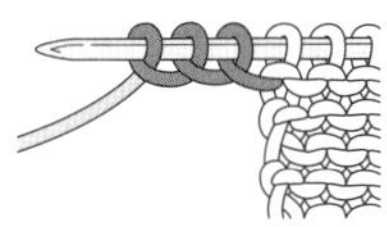

1을 반복하여 감아코로 3코 늘리기 완성.

3

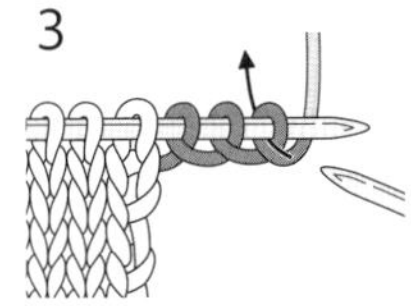

다음 단은 첫코에 오른쪽 바늘을 화살표와 같이 넣은 후,

4

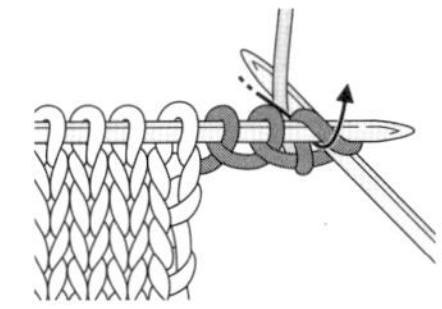

겉뜨기를 뜬다. 다음 코도 겉뜨기로 뜬다(코를 여러 단 늘릴 때는 첫코를 걸러 뜬다).

왼쪽

1

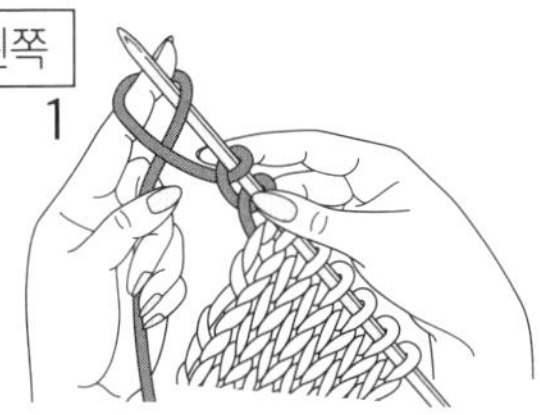

검지에 건 실에 그림과 같이 바늘을 넣고 손가락을 뺀다.

2

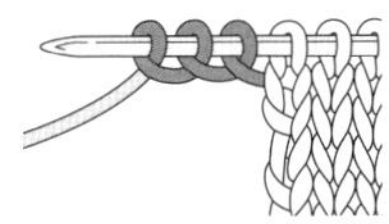

1을 반복하여 감아코로 3코 늘리기 완성.

3

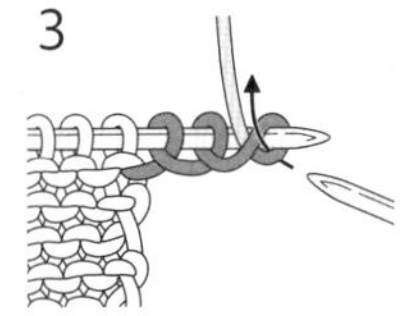

다음 단은 첫코에 오른쪽 바늘을 화살표와 같이 넣은 후,

4

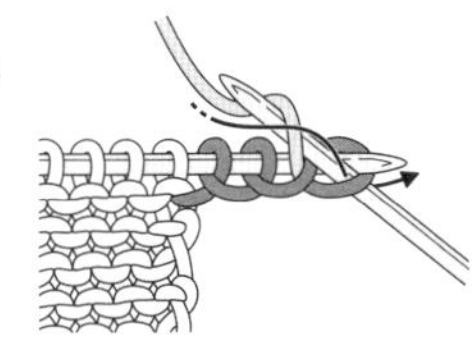

안뜨기를 뜬다. 다음 코도 안뜨기로 뜬다(코를 여러 단 늘릴 때는 첫코를 걸러 뜬다).

영국 고무뜨기(안뜨기 끌어 올려뜨기)

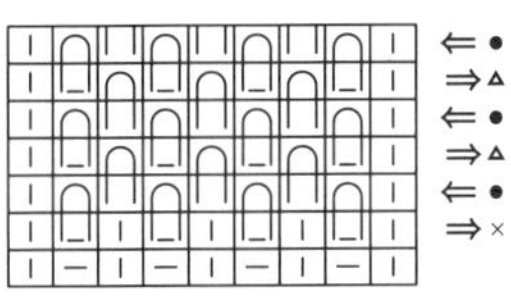

1

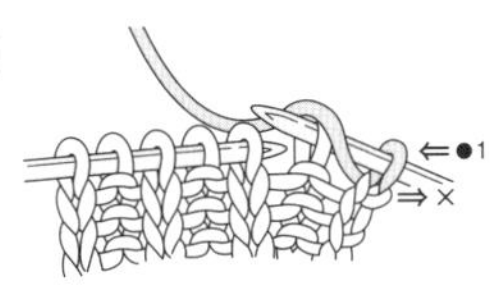

• 1단부터 시작한다. 첫코를 겉뜨기해주고, 안뜨기는 뜨지 않고 오른쪽 바늘로 옮긴 후(코 방향을 바꾸지 않는다) 실을 건다.

2

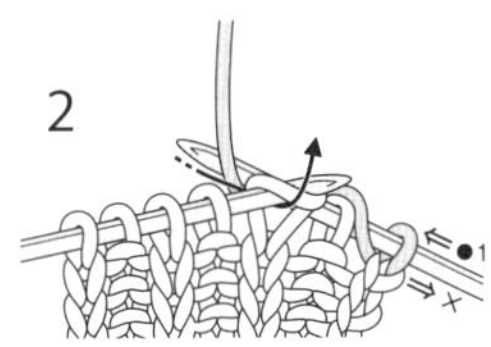

다음 코는 겉뜨기를 뜬다.

3

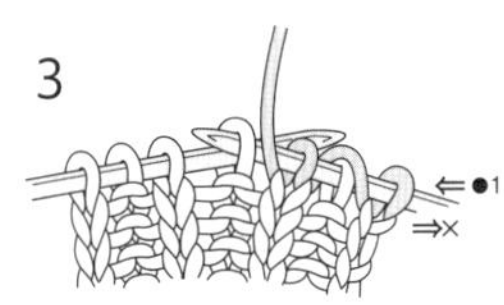

'안뜨기는 뜨지 않고 오른쪽 바늘로 옮긴 후 실을 걸고, 겉뜨기로 뜨기'를 반복한다.

4

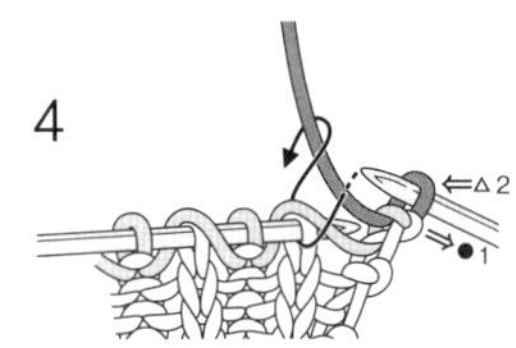

△2단은 첫코를 안뜨기로 뜨고, 다음 코를 앞 단에서 걸어놓은 실과 함께 겉뜨기를 뜬다.

마무리 방법

1코 고무뜨기로 코막음(양 끝 모두 겉뜨기 1코일 경우)

1

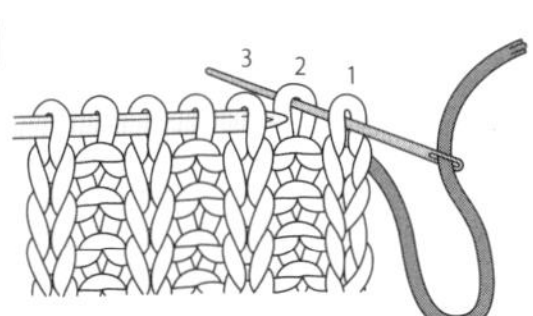

앞쪽부터 돗바늘을 2코에 넣는다.

2

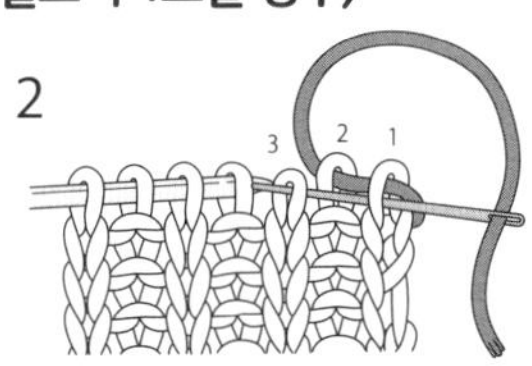

1번 코 앞쪽에서 돗바늘을 넣어 3번 코 앞쪽으로 뺀다(겉뜨기와 겉뜨기).

3

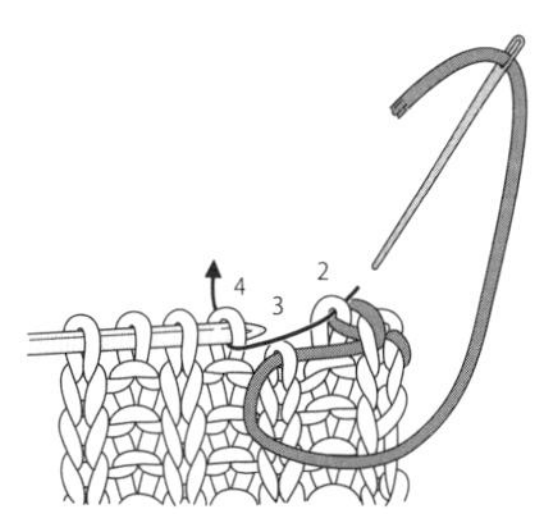

2번 코 뒤쪽에서 돗바늘을 넣어 4번 코 뒤쪽으로 뺀다(안뜨기와 안뜨기).

※뜨개 마지막 부분은 p.45의 '코 막는 법'을 참조.

코막음(안뜨기의 경우)

막은 코가 뜨개 바탕의 코와 같은 크기가 되도록 한다.

1

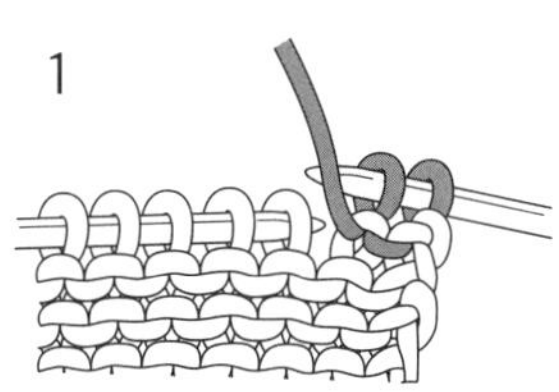

2코를 안뜨기한다.

2

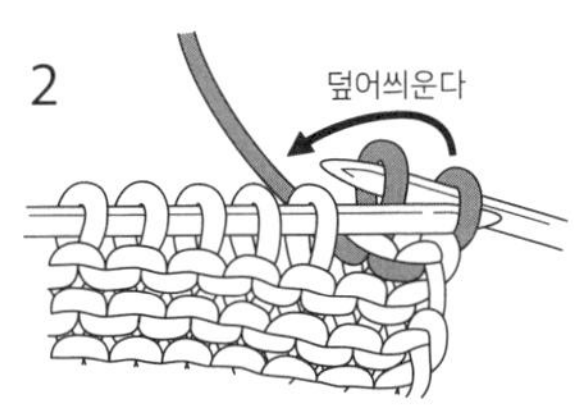

왼쪽 바늘을 이용해 오른쪽 코를 왼쪽 코에 덮어씌운다.

3

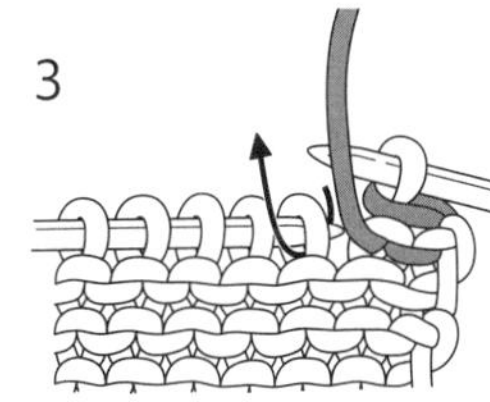

안뜨기로 코막음 1코 완성. 다음 코부터 '안뜨기 1코 뜬 뒤 덮어씌우기'를 반복한다.

세로 잇기 · 가로 잇기

걸어 세로 잇기(메리야스뜨기)

1
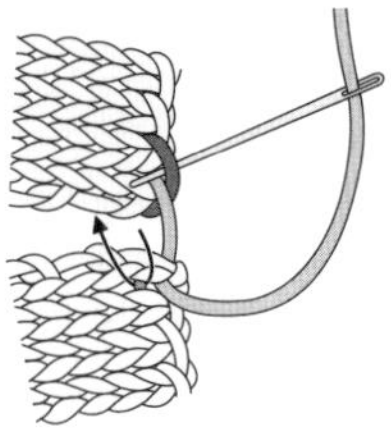
앞쪽과 뒤쪽 모두 돗바늘로 시작코의 실을 걸어준다.

2
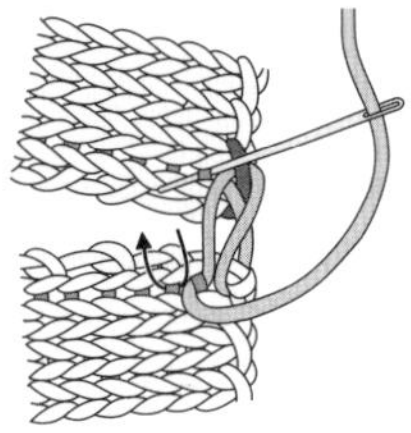
가장자리 1코 안쪽의 건네는 실을 1단씩 교대로 걸어 실을 당긴다.

3
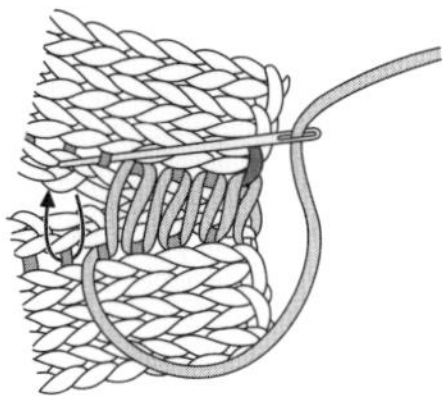
'건네는 실을 걸어 실 당기기'를 반복한다. 꿰매는 실이 보이지 않게 당긴다.

빼뜨기로 잇기(코바늘을 사용하는 방법)

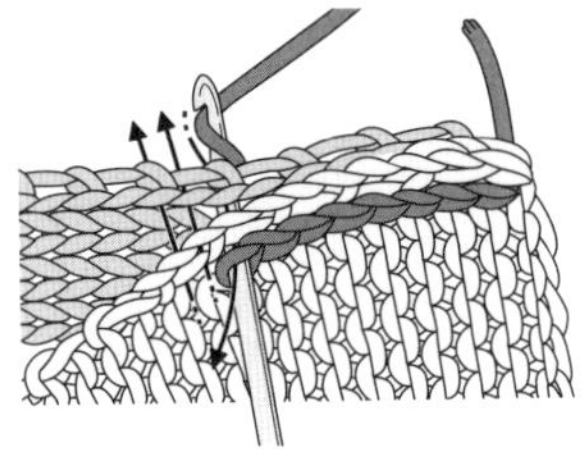
뜨개 바탕을 겉면끼리 맞대어 코바늘로 빼뜨기를 뜨면서 연결한다.

감침질로 가로 잇기

1
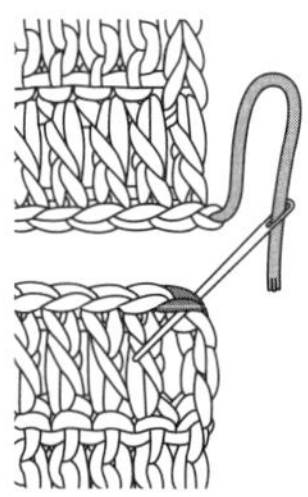
두 장의 뜨개 바탕을 겉면끼리 맞대어 가장자리 코의 실 2가닥(1코)에 돗바늘을 넣는다.

2
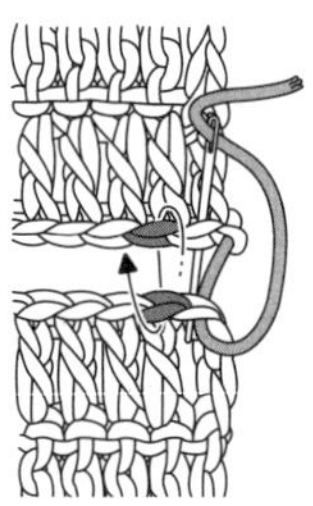
두 장의 뜨개 바탕의 1코씩 돗바늘을 넣어 통과시킨다.

3
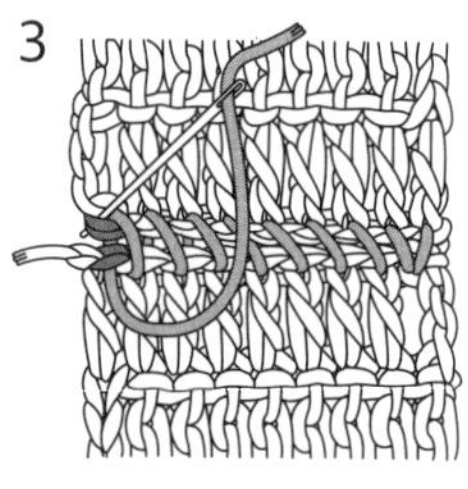
2를 반복하며, 끝부분은 같은 곳에 한 번 더 돗바늘을 통과시킨다.

걸어 빼어 가로 잇기(코바늘을 사용하는 방법)

1
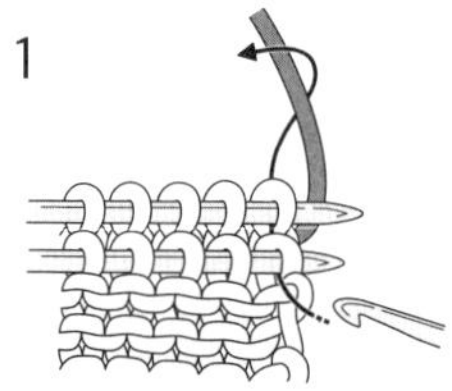
두 장의 뜨개 바탕을 겉면끼리 맞대어 왼손으로 잡고, 양쪽 가장자리 코에 코바늘을 넣는다.

2
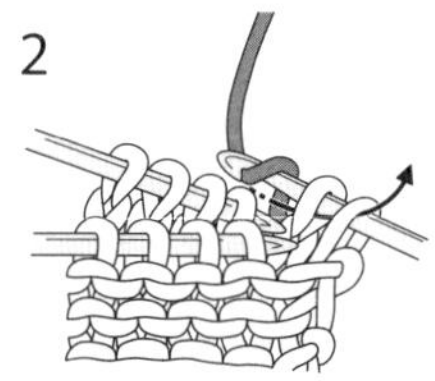
실을 걸어 2코를 한 번에 빼뜨기한다.

3
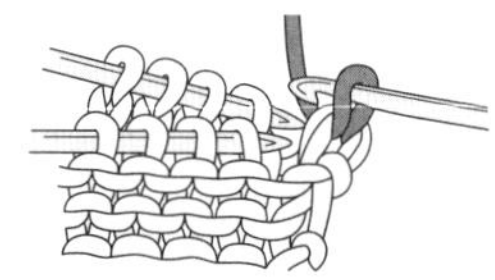
빼뜨기한 모습.

4
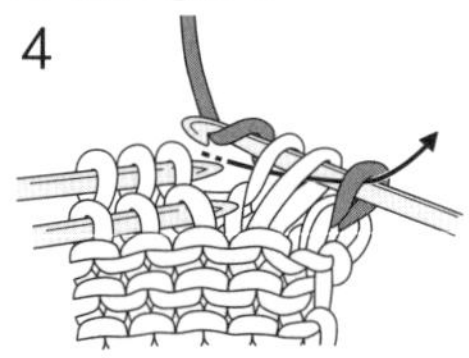
다음 코도 코바늘을 넣어 실을 걸고, 이번에는 3코를 한 번에 빼뜨기한다.

5
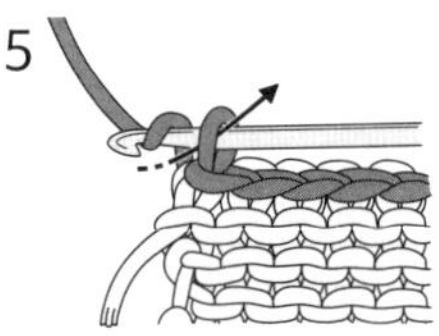
4를 반복한 후, 마지막 고리에서 빼낸다.

6
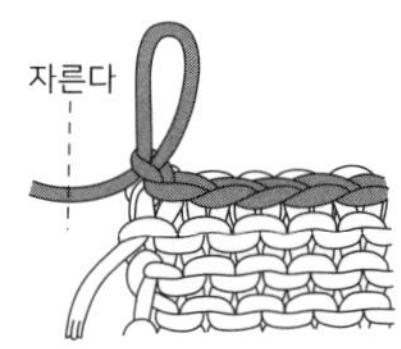

실을 잘라준 후 잡아 뺀다.

코바늘뜨기

시작코  원형뜨기의 시작코

1
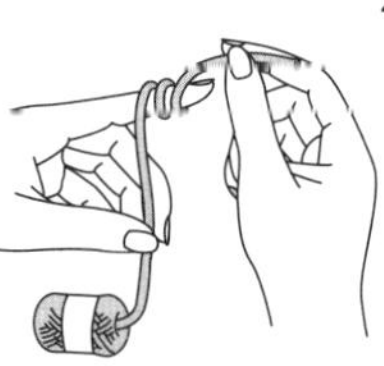
왼쪽 검지에 실 끝을 두 번 감는다.

2
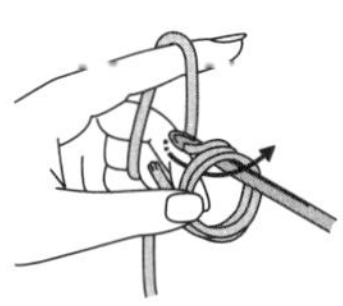
만들어진 고리가 풀어지지 않도록 왼손으로 잡고, 고리 안에 바늘을 넣어 실을 빼낸다.

3
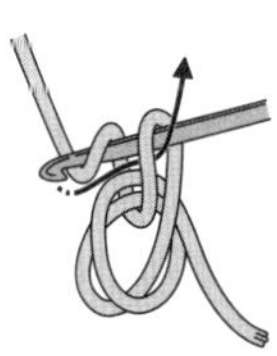
한 번 더 실을 감아 빼낸다.

4

시작코 완성(시작코는 콧수로 세지 않는다).

5
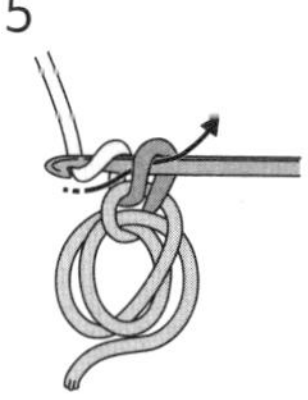
1단에 기둥코를 만든다.

6
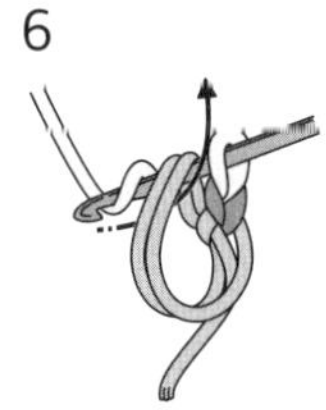
시작코의 고리 안에 바늘을 넣어 실을 빼낸다.

7
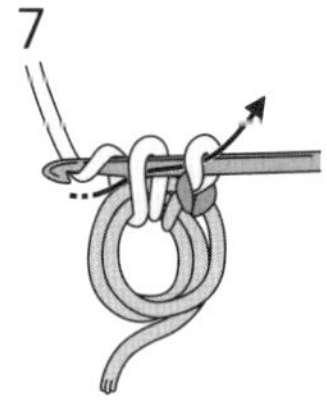
바늘 끝에 실을 걸어 빼며 짧은뜨기를 한다.

8

짧은뜨기 1코 완성.
계속해서 같은
방법으로 뜬다.

9

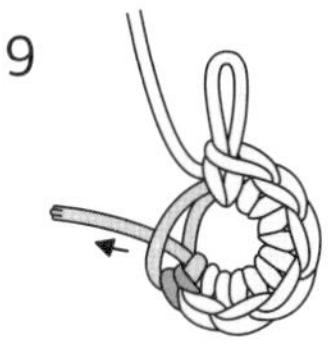

1단을 짧은뜨기로 6코
뜬 후, 중심을 조인다.
실 끝을 살짝 잡아당기면
원형코의 실 2가닥 중
실 끝에 가까운
실 1가닥이 움직인다.

10

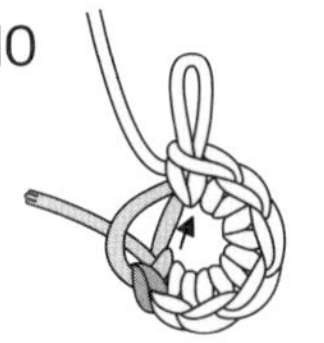

움직인 실을 화살표
방향으로 잡아당겨
실 끝에서 먼 쪽의
고리를 조인다(당긴
쪽의 고리는 남는다).

11

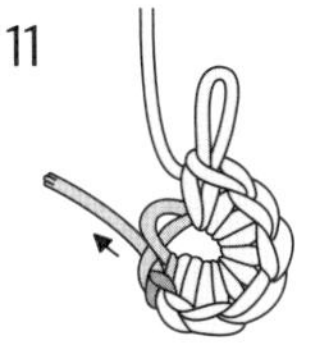

실 끝을 당기면 실
끝에 가까운 쪽의
고리가 조여진다.

12

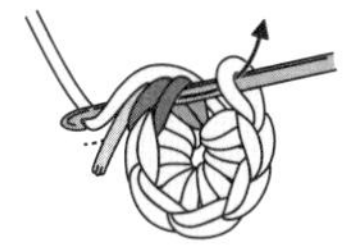

마지막으로 짧은뜨기한
1번째 코의 머리(실
2가닥)에 바늘을 넣고,
실을 걸어 빼준다.

13

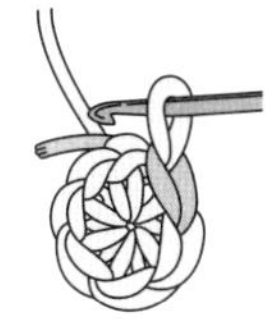

1단 완성.

기본 뜨기

⬭ 사슬뜨기

1

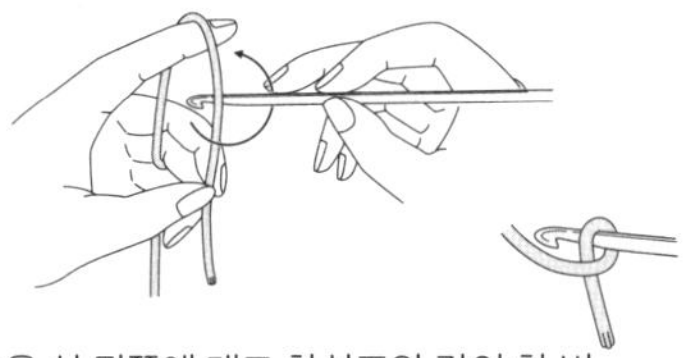

바늘을 실 뒤쪽에 대고 화살표와 같이 한 번
돌려 실을 감아준다.

2

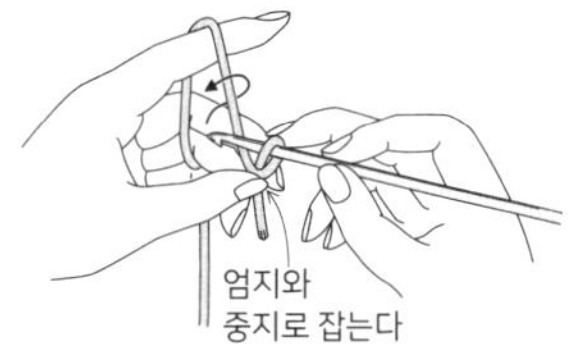

실의 교차점을 왼손의 엄지와 중지로 잡고,
바늘을 화살표와 같이 움직여 실을 건다.

3

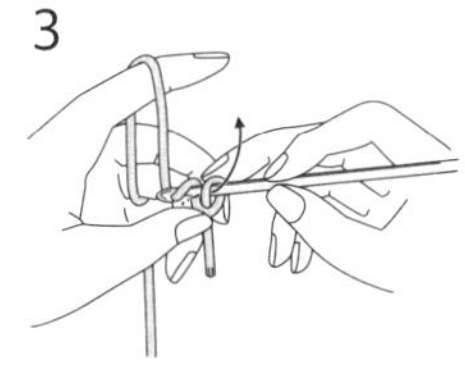

바늘에 걸린 실을 고리
안쪽으로 빼낸다.

4

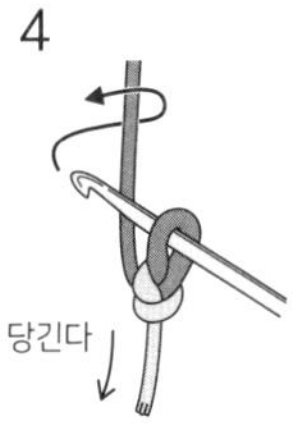

실 끝을 당겨
조인다(이 코는 콧수로
세지 않는다). 화살표와
같이 실을 걸고,

5

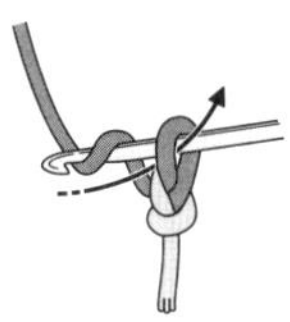

바늘에 걸린 실을
고리 안쪽으로
빼낸다.

6

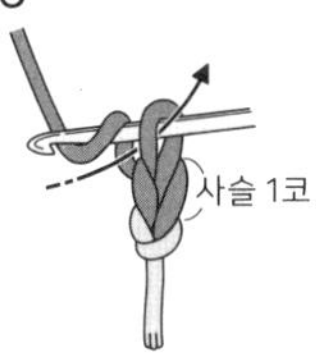

계속해서 '바늘에
실을 걸어 고리
안쪽으로 빼내기'를
반복한다.

7

3코 완성한 모습.
필요한 콧수(바늘
아래까지 센다)만큼
뜬다.

● 빼뜨기

1

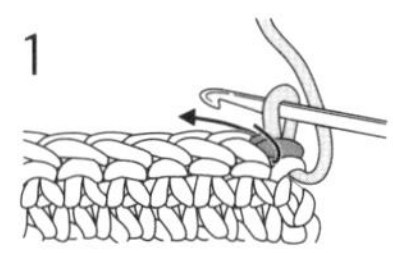

실을 바늘 뒤쪽에
두고 앞 단 코의 머리
2가닥에 바늘을
넣고,

2

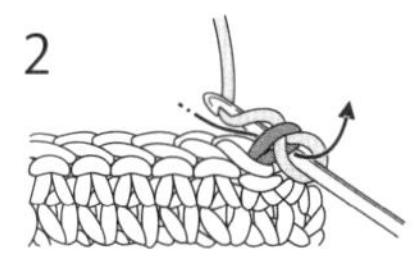

실을 걸어 화살표와
같이 빼낸다.

3

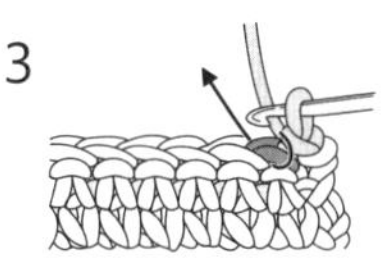

빼뜨기 1코 완성. 2번째
코도 같은 방식으로
바늘을 넣고 실을 걸어
빼낸다.

＋ (✕) 짧은뜨기

1

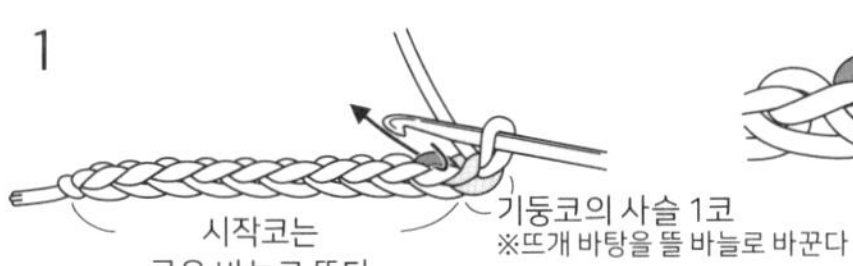

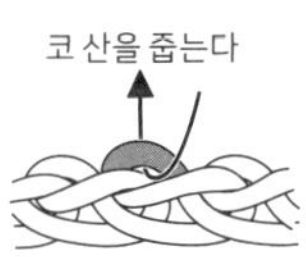

화살표와 같이 사슬의 코 산에 바늘을 넣고,

2

실을 바늘의 뒤쪽에서 앞쪽으로 걸어
화살표 방향으로 빼낸다.

3

한 번 더 바늘에 실을 걸고,
바늘에 걸린 2개 고리
안으로 한 번에 빼낸다.

4

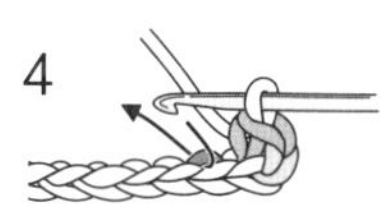

짧은뜨기 1코 완성.

∨ 짧은 2코 늘려뜨기

1

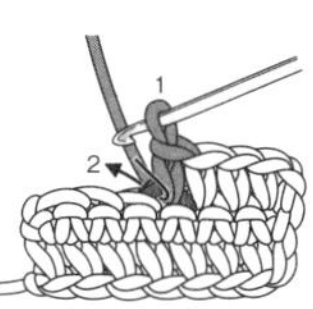

앞 단 코의 머리 2가닥을
주워 짧은뜨기를 1코
뜨고, 같은 코에 바늘을
넣어 한 번 더 짧은뜨기를
1코 떠준다.

2

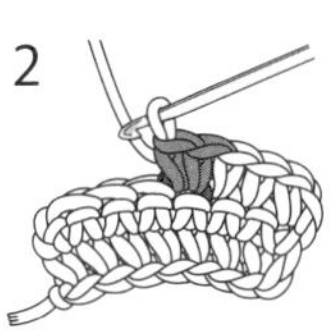

짧은 2코 늘려뜨기
완성. 1코 늘어난
상태가 된다.

∧ 짧은 2코 모아뜨기

1

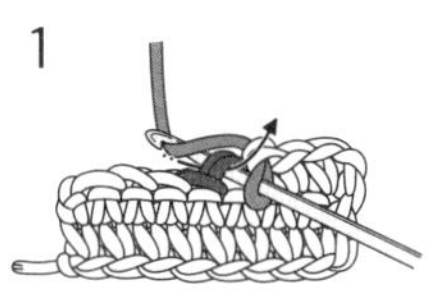

앞 단 코의 머리 2가닥에
바늘을 넣고, 바늘에
실을 걸어 화살표와 같이
빼낸다.

2

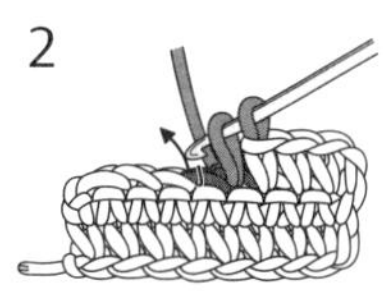

다음 코에도 똑같이
바늘을 넣고 실을
빼낸다.

3

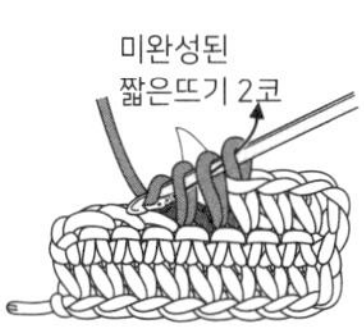

미완성된 짧은뜨기 2코의
모습으로, 바늘 끝에 실을
걸어 바늘에 걸린 3개 고리
안으로 한 번에 빼낸다.

4

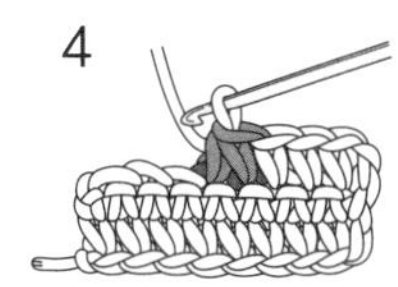

2코가 1코가 된 짧은
2코 모아뜨기 완성.
1코 줄어든 상태가
된다.

작품 제작

니시무라 토모코西村知子
사이치카サイチカ
사이토 리코斉藤理子
세바타 야스코せばたやすこ
이마무라 요코今村曜子
요코야마 카요미横山かよ美
카제코보風工房
칸노 나오미かんのなおみ

일본보그사 | 지은이

일본의 수예 전문 출판사. 수예 작가들과 함께하는 다양한 뜨개질 강의, 뜨개질 잡지 출간 및 다수의 베스트셀러 수예 도서를 출판하며 전 세계 핸드메이드 독자들과 소통하고 있다.

김나정 | 옮긴이

이화여자대학교 통번역대학원 번역학과를 졸업 후 산업 분야에서 활동한 경험이 있다. 현재는 번역 에이전시 엔터스코리아 출판 기획 및 일본어 전문 번역가로 활동하고 있다.

조경선 | 감수자

니트디자이너이며, 일본수예보급협회 보그 준사범이다. 플로리스트로 활동하다가 따뜻함을 전해주는 손뜨개의 매력에 빠져 5년째 전문 손뜨개 강의를 하고 있다. 손뜨개 디자인과 강의를 통해 더 많은 니터들과 함께하고 있으며, 현재는 끌림 니트디자인 학원에서 보그 과정 전임 강사로 활동하고 있다.

블로그 http://blog.naver.com/smile1677
인스타그램 @smile_c.ks

대바늘뜨기가 즐거워지는

원더 니트

1판 2쇄 2021년 10월 15일
지은이 일본보그사
감수자 조경선
옮긴이 김나정
펴낸이 하진석
펴낸곳 참돌
주 소 서울시 마포구 독막로3길 51
전 화 02-518-3919
팩 스 0505-318-3919
이메일 book@charmdol.com
ISBN 979-11-88601-33-2 13630

* 책값은 뒤표지에 있습니다.
* 잘못된 책은 구입하신 곳에서 바꾸어 드립니다.